Roberta Spessatto

DICIONÁRIO APLICADO DE ESPANHOL PARA BRASILEIROS:
PALAVRAS HETEROSSEMÂNTICAS

O primeiro dicionário de
falsos cognatos do Brasil

SUMÁRIO

Prezado leitor e prezada leitora,

Sejam bem-vindos **ao primeiro dicionário de Palavras Heterossemânticas do Brasil**. Ao longo deste dicionário, você vai encontrar palavras que são formalmente parecidas, isto é, palavras similares, que parecem ser a mesma palavra em português e espanhol, mas que, na verdade, têm significados diferentes. Isso está explicado na etimologia da palavra: *hetero* (diferente) *semântica* (significado) Heterossemânticas: palavras que têm **significados diferentes** em português e espanhol, embora pareçam similares à primeira vista. Dessa forma, este dicionário é feito para falantes de português que estão aprendendo ou que já aprenderam espanhol como segunda língua. Afinal, um dicionário é sempre um importante livro de consultas seja para estudantes, seja para falantes já mais maduros de uma língua.

Roberta Spessatto é uma amante do idioma espanhol, professora competente, formada pela Universidade Federal do Rio Grande do Sul e mestre em Linguística pela mesma universidade. A autora conseguiu concentrar neste dicionário as palavras **heterossemânticas** mais recorrentes no ensino de espanhol para brasileiros, de maneira que este dicionário, a meu ver, vem a ajudar não só aos alunos, mas também aos professores de língua espanhola no Brasil. Como professora de língua espanhola assim como a autora, me sinto presenteada ao saber que agora posso contar com um dicionário para pesquisar, e instruir meus alunos a pesquisarem também, os diferentes significados das palavras que parecem ser iguais entra a língua portuguesa e a língua espanhola.

Só posso finalizar este prefácio agradecendo a autora por este compilado importante de **falsos amigos**, afinal, aqui eles foram todos desmascarados! Agora sabemos as suas verdadeiras identidades, isto é, os seus verdadeiros significados: os significados dos **falsos cognatos**. Disfrutemos, assim, todos nós - alunos e professores - dessa obra, para consulta e aprendizado de palavras heterossemânticas entre as línguas portuguesa e espanhola. Bons estudos!

Profa. Dra. Mariana Terra Teixeira
Doutora em Linguística (PUC-RS)

Agosto de 2020

INTRODUÇÃO 2

Palavras heterossemânticas, falsos amigos ou **falsos cognatos** são palavras do espanhol e do português que são parecidas na grafia e na pronúncia, mas que possuem significados totalmente diferentes.

PALAVRAS HETEROSSEMÂNTICAS: UMA BREVE DEFINIÇÃO

A língua espanhola, além de ser um idioma lindo, facilita a nossa comunicação com boa parte do mundo (21 países) de uma maneira muito familiar, devido a sua semelhança com o português. Além disso, essa similaridade auxilia não somente na comunicação, mas também em objetivos mais específicos como provas de vestibular e ENEM.

Você já leu alguma palavra em espanhol e achou que havia compreendido, porém depois acabou descobrindo que o seu significado era completamente diferente do esperado? Esse tipo de situação ocorre, pois embora a familiaridade entre português e espanhol seja evidente e histórica, nem todas as palavras iguais ou parecidas nas duas línguas possuem o mesmo sentido.

Às vezes, estamos tão acostumados à semelhança entre português e espanhol que deixamos de pensar duas vezes antes de entender o significado de algumas palavras. Palavras iguais ou semelhantes – tanto ortográfica quanto foneticamente - com significados diferentes podem nos colocar em maus lençóis. Essas palavras são conhecidas como palavras heterossemânticas, falsos amigos ou falsos cognatos.

O QUE SÃO PALAVRAS HETEROSSEMÂNTICAS, FALSOS AMIGOS OU FALSOS COGNATOS?

Inicialmente, vamos ao termo em espanhol 'heterosemánticos'. Essa terminologia propõe justamente a diferença de significado entre determinadas palavras semelhantes, mas semanticamente distintas, ou seja, que tem o sentido diferente. Agora, analisemos o vocábulo 'cognatas'. Esse vocábulo significa "palavras que se parecem". Já o termo 'Falsos Cognatos' e 'Falsos amigos' designam "palavras que parecem, mas não são". Ou seja, palavras que se assemelham em idiomas diferentes e passam a falsa impressão de que são cognatas são conhecidas como **Palavras Heterossemânticas**.

Portanto, **Palavras Heterossemânticas**, **Falsos Amigos** ou **Falsos Cognatos** que vamos conhecer aqui neste dicionário, são palavras da língua espanhola muito semelhantes às da língua portuguesa em sua grafia e pronúncia, mas que possuem significados diferentes em cada língua.

NEM TODO FALSO COGNATO É SEMPRE UM FALSO COGNATO

Nesse momento, você deve estar pensando, mas como assim? Se eu aprendo que tal palavra é um falso cognato, essa palavra pode não ser? Exatamente. Tudo dependerá do contexto.

O contexto é fundamental para que a comunicação faça sentido e, além disso, somente ele pode auxiliar o estudante a compreender os diferentes sentidos que uma palavra pode conter. Para compreender o funcionamento desse dicionário, é necessário que você conheça alguns termos linguísticos e o seu objetivo.

Primeiro, há um termo conhecido como **POLISSEMIA**. Esse termo representa que uma única palavra pode conter mais de um significado. Essa noção de mais de um significado para cada palavra não ocorre somente no espanhol ou no português, mas em todas as línguas faladas por nós, humanos. Por exemplo, o vocábulo **CABO** pode ser o **cabo de vassoura**, o **cabo militar** ou, até mesmo, o **cabo da faca**.

Compreender a polissemia faz com que se compreenda melhor o funcionamento da nossa língua e faz com que a aprendizagem de uma segunda língua não nos amedronte. Dessa forma, cabe ressaltar que há palavras que podem ser heterossemânticas em alguns contextos, mas apresentar o mesmo significado da língua portuguesa em outros. Por exemplo, o substantivo **CARPA**, em espanhol, pode significar tanto uma barraca quanto um peixe carpa em português. Caso CARPA seja considerada uma barraca, será uma palavra heterosemântica, mas caso não, caso CARPA seja considerada no contexto um peixe carpa, aí CARPA será apenas uma palavra cognata, isto é, uma palavra similar nas línguas portuguesa e espanhola.

COMO SURGIU O DICIONÁRIO APLICADO DE ESPANHOL PARA BRASILEIROS: PALAVRAS HETEROSSEMÂNTICAS?

O nosso **Dicionário de Palavras Heterossemânticas Aplicado para Brasileiros** foi pensado, inicialmente, nos meus alunos e nas suas maiores dificuldades com o vocabulário. Eles sempre encontravam as mesmas palavras em suas buscas e muitas vezes não conseguiam distinguir se a palavra estava em português ou em espanhol. O que, teoricamente, deveria auxiliar, acabava atrapalhando. Comecei montando materiais específicos, com tabelas e exercícios, mas nunca eram suficientes. Embora eu sempre produza todo meu material, me obriguei a procurar algo mais completo; contudo, não encontrei absolutamente nada que contemplasse as necessidades das aulas, dos alunos e de qualquer estudante ou apaixonado pela língua espanhola.

Meu papel como professora há mais de dez anos, formada em letras e mestre em linguística, teria de ultrapassar a sala de aula e fazer a diferença no ensino de espanhol de forma mais significativa. Após minha busca inesgotável por qualquer material didático aplicado de falsos cognatos para brasileiros ser completamente frustrada, decidi montar o Primeiro Dicionário de Palavras Heterossemânticas para Brasileiros.

COMO FUNCIONA O DICIONÁRIO APLICADO DE ESPANHOL PARA BRASILEIROS: PALAVRAS HETEROSSEMÂNTICAS?

Em nosso dicionário, há 430 palavras heterossemânticas. Cada palavra foi analisada em diferentes contextos de língua espanhola, por esse motivo há tantas traduções. Obviamente, falamos de uma língua viva que está sempre se modificando, por esse motivo não me atrevo a falar que há todos os significados das palavras escolhidas, mas garanto que todos os exemplos foram profundamente pesquisados e analisados.

Há dois grupos específicos neste dicionário: o grupo em que a palavra é sempre um falso cognato, e o grupo em que o vocábulo é, em alguns contextos um falso cognato, mas também contempla o mesmo significado do português brasileiro em outros. Ambos grupos estão organizados para que você consiga compreender os diferentes significados que as palavras contemplam nos diferentes contextos que elas podem ser utilizadas.

Dizer que este dicionário não será revolucionário para os estudantes brasileiros de espanhol é muita modéstia, pois sei que ele será a chave para muitas das suas dúvidas. Tenho certeza de que aquele pavor e aquele medo dos falsos cognatos não irão mais permanecer na sua aprendizagem. Bom proveito!

Besitos da Beta.

A

1. Abonar

- **O que realmente significa?** O verbo *ABONAR*, na língua espanhola, tem valor polissêmico; ou seja, contempla mais de um significado. Dessa forma, significa **apoiar, auxiliar, confirmar** ou **garantir que algo é verdadeiro; afiançar; pagar**, mas também possui outros significados. *ABONAR* será considerada uma palavra heterossemântica quando contemplar outro sentido que não seja o mesmo da língua portuguesa (outro que não **afiançar, garantir que algo é verdadeiro, pagar**).
- **Que outros significados o vocábulo *ABONAR* apresenta?** Adubar, fertilizar.
- **Como dizer "ABONAR" em espanhol?** *Pagar, acreditar, costear, sufragar, ingresar, satisfacer, apoquinar.*

2. Abonarse

- **O que não quer dizer?** Vangloriar-se, gabar-se.
- **O que realmente significa?** Inscrever-se; assinar; subscrever.
- **Como dizer "ABONAR-SE, VANGLORIAR-SE ou GABAR-SE" em espanhol?** *Gloriarse, jactarse, fanfarronear, presumir, alardear, jactarse, vanagloriarse ou cancherear.*

3. Abono

- **O que não quer dizer?** Abono, aval, abonação, autenticação, garantia, fiança.
- **O que realmente significa?** Adubo; inscrição, assinatura.
- **Como dizer "ABONO" em espanhol?** *Gratificación.*

4. Abrasar

- **O que não quer dizer?** Abraçar.
- **O que realmente significa?** Queimar, chamuscar, tostar
- **Como dizer "ABRAÇAR" em espanhol?** *Abrazar.*

5. Academia

- **O que não quer dizer?** Local onde há aulas de ginástica, de musculação; estabelecimento em que várias modalidades esportivas são praticadas.
- **O que realmente significa?** Local, junta ou sociedade em que há ensino universitário ou superior.
- **Como dizer "ACADEMIA" em espanhol?** *Gimnasio.*

6. Aceitar

- **O que não quer dizer?** Receber o que é oferecido, acatar, concordar, consentir.
- **O que realmente significa?** Lubrificar; subornar; facilitar; untar.
- **Como dizer "ACEITAR" em espanhol?** *Aceptar.*

7. Acento

- **O que não quer dizer?** Sinal diacrítico.
- **O que realmente significa?** Sotaque; sílaba tônica; entonação; tonicidade.
- **Como dizer "ACENTO, SINAL DIACRÍTICO" em espanhol?** *Tilde.*

8. Aceptación

- **O que realmente significa?** O vocábulo *ACEPTACIÓN*, na língua espanhola, tem valor polissêmico; ou seja, contempla mais de um significado. Dessa forma, significa **aceitação**, mas também possui outros significados. Ele será considerado uma palavra heterossemântica quando contemplar outro sentido que não seja o mesmo da língua portuguesa (outros que não **aceitação**).
- **Que outros significados o vocábulo *ACEPTACIÓN* apresenta?** Reconhecimento, predomínio, aceitabilidade.
- **Como dizer "ACEITAÇÃO" em espanhol?** *Aceptación.*

9. Acercar

- **O que não quer dizer?** Cercar, murar, fazer uma cerca, rodear, impedir, bloquear.
- **O que realmente significa?** Aproximar.
- **Como dizer "CERCAR" em espanhol?** *Rodear.*

10. Acercarse

- O que **não quer dizer?** Cercar-se, rodear-se.
- O que **realmente significa?** Aproximar-se; dirigir-se.
- Como dizer "CERCAR-SE" em espanhol? *Rodearse.*

11. Acordar/ Acordar-se

- O que **não quer dizer?** Interromper o sono.
- O que **realmente significa?** Lembrar, lembrar-se; concordar; conciliar.
- Como dizer "ACORDAR, INTERROMPER O SONO" em espanhol? *Despertarse.*

12. Acosar

- O que **não quer dizer?** Acusar, incriminar.
- O que **realmente significa?** Provocar; assediar; importunar, atormentar; perseguir.
- Como dizer "ACUSAR" em espanhol? *Culpar, echar la culpa.*

13. Acoso

- O que **não quer dizer?** Acuso, acusação.
- O que **realmente significa?** Provocar, assediar, importunar, atormentar, perseguir.
- Como dizer "ACUSAÇÃO" em espanhol? Acusación, señalamiento.

14. Acostar

- O que **não quer dizer?** Encostar, apoiar.
- O que **realmente significa?** Deitar ou por para dormir.
- Como dizer "APOIAR" em espanhol? *Respaldar, apoyar, sostener, estribar.*

15. Acostarse

- O que **não quer dizer?** Encostar-se.
- O que **realmente significa?** Recolher-se; ir para cama; deitar-se; ter relação sexual.
- Como dizer "ENCOSTAR-SE" em espanhol? *Recostarse, reclinarse.*

16. Acreditar

- **O que não quer dizer?** Ter fé, crer.
- **O que realmente significa?** Creditar; aprovar; certificar, comprovar; credenciar.
- **Como dizer "ACREDITAR" em espanhol?** *Creer.*

17. Adobar

- **O que não quer dizer?** Adubar, fertilizar.
- **O que realmente significa?** Temperar, marinar.
- **Como dizer "ADUBAR" em espanhol?** *Abonar.*

18. Adobo

- **O que não quer dizer?** Adubo, fertilizante.
- **O que realmente significa?** Tempero.
- **Como dizer "ADUBO" em espanhol?** *Abono.*

19. Agarrar

- **O que realmente significa?** O verbo *AGARRAR,* na língua espanhola, tem valor polissêmico; ou seja, contempla mais de um significado. Dessa forma, significa **agarrar ou segurar,** mas também possui outros significados. Ele será considerado uma palavra heterossemântica quando contemplar outro sentido que não seja o mesmo da língua portuguesa (outro que não **segurar** ou **agarrar**).
- **Que outros significados o vocábulo *AGARRAR* apresenta?** Pegar.
- **Como dizer "AGARRAR" em espanhol?** *Agarrar, coger, tomar.*

20. Agasajar

- **O que não quer dizer?** Agasalhar.
- **O que realmente significa?** Acolher; elogiar; mimar; agradar; entreter; honrar.
- **Como dizer "AGASALHAR" em espanhol?** *Arroparse, abrigarse.*

21. Agasajo

- **O que não quer dizer?** Agasalho.
- **O que realmente significa?** Acolhimento; agrado; entretenimento; evento; presente carinhoso.
- **Como dizer "AGASALHO" em espanhol?** *Abrigo.*

22. Alargar

- **O que não quer dizer?** Alargar, deixar largo.
- **O que realmente significa?** Alongar; encompridar; prolongar; estender; prorrogar.
- **Como dizer "ALARGAR" em espanhol?** *Ensanchar.*

23. Alejado

- **O que não quer dizer?** Aleijado, deficiente físico.
- **O que realmente significa?** Afastado, distante.
- **Como dizer "ALEIJADO" em espanhol?** *Lisiado.*

24. Alocado

- **O que não quer dizer?** Alocado, reservado.
- **O que realmente significa?** Louco, maluco, doido; bobo; excêntrico; destrambelhado.
- **Como dizer "ALOCADO" em espanhol?** *Reservado.*

25. Aliñar

- **O que não quer dizer?** Alinhar.
- **O que realmente significa?** Temperar, condimentar.
- **Como dizer "ALINHAR" em espanhol?** *Alinear.*

26. Allí

- **O que não quer dizer?** Ali, aí.
- **O que realmente significa?** Lá.
- **Como dizer "ALI" em espanhol?** *Ahí.*

27. Almacén

- **O que realmente significa?** O vocábulo *ALMACÉN,* na língua espanhola, é uma palavra polissêmica. Dessa forma, significa **armazém** ou **loja de conveniência**, mas também possui outros significados. Ele será considerado uma palavra heterossemântica quando contemplar outro sentido que não seja o mesmo da língua portuguesa (outro que não **armazém**).
- **Que outros significados o vocábulo *ALMACÉN* apresenta?** Depósito, grandes lojas.
- **Como dizer "ARMAZÉM" em espanhol?** *Almacén; bodega.*

28. Almohada

- **O que não quer dizer?** Almofada.
- **O que realmente significa?** Travesseiro.
- **Como dizer "ALMOFADA" em espanhol?** *Cojín, almohadón.*

29. Alza

- **O que não quer dizer?** Alça.
- **O que realmente significa?** Aumento, elevação, ascensão.
- **Como dizer "ALÇA" em espanhol?** *Cuello, correa.*

30. Amoratado

- **O que não quer dizer?** Amarrotado.
- **O que realmente significa?** Arroxeado.
- **Como dizer "AMARROTADO" em espanhol?** *Rizado, arrugado.*

31. Aniversario

- **O que não quer dizer?** Dia em que se comemora os anos de nascimento.
- **O que realmente significa?** Celebração de datas especiais e acontecimentos importantes, como aniversário de casamento, aniversário de morte; missa de aniversário de morte.
- **Como dizer "ANIVERSÁRIO" em espanhol?** *Cumpleaños.*

32. Ano

- **O que não quer dizer?** Ano.
- **O que realmente significa?** Ânus.
- **Como dizer "ANO" em espanhol?** *Año.*

33. Anoche

- **O que não quer dizer?** À noite.
- **O que realmente significa?** Noite passada, ontem à noite.
- **Como dizer "À NOITE" em espanhol?** *Por la noche.*

34. Apellido

- **O que não quer dizer?** Apelido.
- **O que realmente significa?** Sobrenome.
- **Como dizer "APELIDO" em espanhol?** *Sobrenombre, apodo, mote.*

35. Apenas

- **O que realmente significa?** O vocábulo *APENAS*, na língua espanhola, é uma palavra polissêmica. Dessa forma, significa **apenas, somente** ou **recentemente,** mas também possui outros significados. Ele será considerado uma palavra heterossemântica quando contemplar outro sentido que não seja o mesmo da língua portuguesa (outro que não **somente**).
- **Que outros significados o vocábulo *APENAS* apresenta?** Quase não, escassamente, assim que.
- **Como dizer "APENAS" em espanhol?** *Apenas, solamente, solo.*

36. Aposentar

- **O que não quer dizer?** Aposentar.
- **O que realmente significa?** Alojar; hospedar algo ou alguém; instalar-se.
- **Como dizer "APOSENTAR" em espanhol?** *Jubilar.*

37. Aposentarse

- **O que não quer dizer?** Aposentar-se.
- **O que realmente significa?** alojar-se; estabelecer-se.
- **Como dizer "APOSENTAR-SE" em espanhol?** *Jubilar.*

38. Aposento

- **O que não quer dizer?** Aposento, compartimento de uma casa, lugar onde se mora.
- **O que realmente significa?** Alojamento, pousada, hospedagem.
- **Como dizer "APOSENTO" em espanhol?** *Habitación, cuarto, recámara, dormitorio.*

39. Apresar

- **O que não quer dizer?** Apressar, acelerar.
- **O que realmente significa?** Capturar, prender; pegar.
- **Como dizer "APRESSAR" em espanhol?** *Apresurar.*

40. Apresado

- **O que não quer dizer?** Apressado.
- **O que realmente significa?** Preso.
- **Como dizer "APRESSADO" em espanhol?** *Apresurado, apurado.*

41. Artero

- **O que não quer dizer?** Arteiro, travesso.
- **O que realmente significa?** Desonesto, ardiloso.
- **Como dizer "ARTEIRO" em espanhol?** *Travieso.*

42. Asa

- **O que não quer dizer?** Asa.
- **O que realmente significa?** Alça, cabo; pegador, pinça.
- **Como dizer "ASA" em espanhol?** *Ala.*

43. Asignatura

- **O que não quer dizer?** Assinatura de alguém ou assinatura de um jornal.
- **O que realmente significa?** Matéria, disciplina ou tópico; assunto ou questão que ainda não foram solucionados.
- **Como dizer "ASSINATURA" em espanhol?** *Firma; suscripción.*

44. Así que

- **O que não quer dizer?** Assim que.
- **O que realmente significa?** Portanto, de este modo, então.
- **Como dizer "ASSIM QUE" em espanhol?** *Tan pronto como, apenas.*

45. Atestar

- **O que realmente significa?** O vocábulo *ATESTAR*, na língua espanhola, é uma palavra polissêmica; significa **atestar** ou **certificar**, mas também possui outros significados. Dessa forma, *ATESTAR* será um falso cognato quando contemplar outro sentido que não seja o mesmo da língua portuguesa (outro que não **certificar**).
- **Que outros significados o vocábulo *ATESTAR* apresenta?** Aglomerar, amontoar, superlotar.
- **Como dizer "ATESTAR" em espanhol?** *Testificar, atestar.*

46. Atracar

- **O que não quer dizer?** Comer com voracidade, devorar.
- **O que realmente significa?** Assaltar; ancorar; amarrar; lutar, brigar.
- **Como dizer "DEVORAR" em espanhol?** *Devorar.*

47. Atraco

- **O que não quer dizer?** Verbo ATRACAR conjugado na 1ªp.s.
- **O que realmente significa?** Assalto.
- **Como dizer "ATRACO" em espanhol?** *Devoro.*

48. Aula

- **O que não quer dizer?** Aula.
- **O que realmente significa?** Sala de aula.
- **Como dizer "AULA" em espanhol?** *Clase.*

49. Azafata

- **O que não quer dizer?** Assanhada, safada, promiscua.
- **O que realmente significa?** Aeromoça.
- **Como dizer "SAFADA" em espanhol?** *Libertina, licenciosa, promiscua, lujuriosa, lasciva, libidinosa.*

50. Azar

- **O que não quer dizer?** Azar, má sorte.
- **O que realmente significa?** Acaso, casualmente, aleatoriamente.
- **Como dizer "AZAR" em espanhol?** *Mala suerte.*

51. Azaroso

- **O que não quer dizer?** Azarado.
- **O que realmente significa?** Imprevisível, aleatório.
- **Como dizer "AZARADO" em espanhol?** *Desafortunado.*

ℬ

52. Bajar

- **O que não quer dizer?** Baixar algo da internet; fazer download.
- **O que realmente significa?** Baixar; diminuir; descer; reduzir.
- **Como dizer "BAIXAR ALGO DA INTERNET" em espanhol?** *Descargar.*

53. Balcón

- **O que não quer dizer?** Balcão de cozinha, balcão de bar ou balcão de atendimento.
- **O que realmente significa?** Varanda, sacada.
- **Como dizer "BALCÃO" em espanhol?** *Encimera de cocina; barra o mostrador del bar; mostrador.*

54. Balón

- **O que não quer dizer?** Balão.
- **O que realmente significa?** Bola.
- **Como dizer "BALÃO" em espanhol?** *Globo.*

55. Banco

- **O que realmente significa?** O vocábulo *BANCO*, na língua espanhola, é uma palavra polissêmica, ou seja, tem mais de um significado. Significa **lugar para sentar** ou **instituição financeira,** mas também possui outros significados. Dessa forma, *BANCO* será um falso cognato quando contemplar outro sentido que não seja o mesmo da língua portuguesa (outro que não **assento** ou **instituição financeira**).
- **Que outros significados o vocábulo *BANCO* apresenta?** Cardume; bancada; carteira escolar; monte de neve.
- **Como dizer "BANCO" em espanhol?** *Banco.*

56. Bastante

- **O que não quer dizer?** Muito.
- **O que realmente significa?** Suficiente ou abundantemente.
- **Como dizer "MUITO" em espanhol?** *Muy, Mucho.*

57. Beca

- **O que não quer dizer?** Magistratura; farda; roupa elegante.
- **O que realmente significa?** Bolsa de estudos; auxílio financeiro.
- **Como dizer "BECA" em espanhol?** *Toga, uniforme.*

58. Berro

- **O que não quer dizer?** Berro, grito.
- **O que realmente significa?** Agrião.
- **Como dizer "BERRO" em espanhol?** *Grito.*

59. Billetera

- **O que não quer dizer?** Bilheteria.
- **O que realmente significa?** Carteira.
- **Como dizer "BILHETERIA" em espanhol?** *Boletería, taquilla.*

60. Billón

- **O que não quer dizer?** Bilhão.
- **O que realmente significa?** Trilhão.
- **Como dizer "BILHÃO" em espanhol?** *Mil millones.*

61. Birra

- **O que não quer dizer?** Birra, pirraça.
- **O que realmente significa?** Cerveja.
- **Como dizer "BIRRA" em espanhol?** *Berrinche, pataleta, rabieta.*

62. Blando

- **O que não quer dizer?** Brando.
- **O que realmente significa?** Macio; abaixo do mercado; flexível; fraco; dócil.
- **Como dizer "BRANDO" em espanhol?** *Leve, ligero.*

63. Boa

- **O que não quer dizer?** Boa.
- **O que realmente significa?** Jibóia.
- **Como dizer "BOA" em espanhol?** *Buena.*

64. Bodega

- **O que não quer dizer?** Bodega, botequim, bar.
- **O que realmente significa?** Adega, vinícola, loja de vinhos; armazém (nos países da América Central).
- **Como dizer "BODEGA" em espanhol?** *Taberna, bar, cantina.*

65. Bufete

- **O que não quer dizer?** Bofete, tabefe, tapa; buffet.
- **O que realmente significa?** Escritório jurídico, escritório de advocacia; carta de clientes do advogado.
- **Como dizer "BOFETE" em espanhol?** *Gaznatada, bofetada, papirotazo, bife, bufé.*

66. Boleto

- **O que não quer dizer?** Boleto de pagamento.
- **O que realmente significa?** Ingresso, entrada, passagem.
- **Como dizer "BOLETO" em espanhol?** *Recibo bancário, factura, cupón de pago.*

67. Bolo

- **O que não quer dizer?** Bolo.
- **O que realmente significa?** Pino de boliche ou Boliche.
- **Como dizer "BOLO" em espanhol?** *Pastel, torta, tarta.*

68. Bolsa

- O que **não quer dizer?** Bolsa.
- O que **realmente significa?** Sacola.
- Como dizer **"BOLSA"** em espanhol? *Bolso.*

69. Bolsista

- O que **não quer dizer?** Bolsista, estagiário.
- O que **realmente significa?** Investidor de ações ou de bolsas de valores.
- Como dizer **"BOLSISTA"** em espanhol? *Becario.*

70. Bolso

- O que **não quer dizer?** Bolso.
- O que **realmente significa?** Bolsa.
- Como dizer **"BOLSO"** em espanhol? *Bolsillo.*

71. Bombacha

- O que **não quer dizer?** Roupa típica dos gaúchos.
- O que **realmente significa?** Calcinha feminina.
- Como dizer **"BOMBACHA"** em espanhol? *Bombachos, pantalón bombacho.*

72. Boquete

- O que **não quer dizer?** Sexo oral.
- O que **realmente significa?** Lacuna, brecha, déficit.
- Como dizer **"BOQUETE"** em espanhol? *Chupada, mamada.*

73. Borracha

- O que **não quer dizer?** Material escolar que apaga o lápis.
- O que **realmente significa?** Bêbada.
- Como dizer **"BORRACHA"** em espanhol? *Goma.*

74. Borrachera

- **O que não quer dizer?** Borracharia.
- **O que realmente significa?** Bebedeira, porre.
- **Como dizer "BORRACHARIA" em espanhol?** *Tienda de neumáticos* ou *gomería*.

75. Borrar

- **O que não quer dizer?** Borrar, desfocar.
- **O que realmente significa?** Apagar, eliminar, excluir.
- **Como dizer "BORRAR" em espanhol?** *Difuminar, manchar.*

76. Borrado

- **O que não quer dizer?** Borrado; embaçado; desfocado.
- **O que realmente significa?** Apagamento; excluído, apagado.
- **Como dizer "BORRADO" em espanhol?** *Borroso.*

77. Borrador

- **O que não quer dizer?** Mal pintor, alguém que borra algo quando pinta.
- **O que realmente significa?** Apagador; borracha; projeto; rascunho.
- **Como dizer "MAL PINTOR" em espanhol?** *Pintamonas.*

78. Bosque

- **O que não quer dizer?** Bosque.
- **O que realmente significa?** Floresta; mata.
- **Como dizer "BOSQUE" em espanhol?** *Arboleda, bosquecillo.*

79. Botar

- **O que não quer dizer?** Botar, colocar.
- **O que realmente significa?** Descartar; quicar; lançar; expulsar, despejar.
- **Como dizer "BOTAR" em espanhol?** *Poner.*

80. **Botiquín**

- **O que não quer dizer?** Botequim.
- **O que realmente significa?** kit de primeiros socorros, armário de remédios, enfermaria.
- **Como dizer "BOTEQUIM" em espanhol?** *Taberna, bar, cantina.*

81. **Brincar**

- **O que não quer dizer?** Brincar, fazer uma brincadeira.
- **O que realmente significa?** Pular, saltar.
- **Como dizer "BRINCAR" em espanhol?** *Jugar, bromear.*

82. **Brinco**

- **O que não quer dizer?** Joia ou bijuteria usada na orelha.
- **O que realmente significa?** Pulo, salto, distância curta (pulo).
- **Como dizer "BRINCO" em espanhol?** *Pendiente, aro, arete, pantalla, zarcillo.*

83. **Bulto**

- **O que realmente significa?** O vocábulo *BULTO*, na língua espanhola, é uma palavra polissêmica. Significa **vulto**, mas também possui outros significados. Dessa forma, *BULTO* será um falso cognato quando contemplar outro sentido que não seja o mesmo da língua portuguesa (outro que não **vulto**).
- **Que outros significados o vocábulo *BULTO* apresenta?** Volume, saliência, caroço, nódulo; pacote.
- **Como dizer "VULTO" em espanhol?** *Bulto.*

84. **Buscar**

- **O que realmente significa?** O vocábulo *BUSCAR*, na língua espanhola, é uma palavra polissêmica. Significa **buscar**, mas também possui outros significados. Dessa forma, *BUSCAR* será um falso cognato quando contemplar outro sentido que não seja o mesmo da língua portuguesa (outro que não **buscar**).
- **Que outro significado o vocábulo *BUSCAR* apresenta?** Procurar.
- **Como dizer "BUSCAR" em espanhol?** *Recoger, buscar.*

85. **Buseta**

- **O que não quer dizer?** Boceta, orgão genital feminino (nome pejorativo).
- **O que realmente significa?** Ônibus.
- **Como dizer "BOCETA" em espanhol?** *Concha, coño, vagina.*

C

86. Cacho

- **O que não quer dizer?** Cacho.
- **O que realmente significa?** Chifres; pedaço.
- **Como dizer "CACHO" em espanhol?** *Racimo.*

87. Cachorro

- **O que não quer dizer?** Cachorro.
- **O que realmente significa?** Filhote.
- **Como dizer "CACHORRO" em espanhol?** *Perro.*

88. Caco

- **O que não quer dizer?** Caco, pedaço.
- **O que realmente significa?** Ladrão.
- **Como dizer "CACO/ PEDAÇO" em espanhol?** *Esquirla, tiesto, trozo.*

89. Cadera

- **O que não quer dizer?** Cadeira.
- **O que realmente significa?** Bacia, quadril
- **Como dizer "CADEIRA" em espanhol?** *Silla.*

90. Cajón

- **O que não quer dizer?** Caixão.
- **O que realmente significa?** Gaveta.
- **Como dizer "CAIXÃO" em espanhol?** *Ataúd.*

91. Calculadora

- **O que realmente significa?** O vocábulo *CALCULADORA,* na língua espanhola, é uma palavra polissêmica. Significa **calculadora**, mas também possui outros significados. Dessa forma, *CALCULADORA* será uma palavra heterossemântica quando contemplar outro sentido que não seja o mesmo da língua portuguesa (outro que não **calculadora**).
- **Que outro significado o vocábulo *CALCULADORA* apresenta?** Calculista.
- **Como dizer "CALCULADORA" em espanhol?** *Calculadora.*

92. Calzada

- **O que não quer dizer?** Calçada.
- **O que realmente significa?** Rua; via; caminho; estrada.
- **Como dizer "CALÇADA" em espanhol?** *Acera, veredas.*

93. Calzoncillo

- **O que não quer dizer?** Calçãozinho, calção, bermuda, shortinho.
- **O que realmente significa?** Cueca.
- **Como dizer "CALÇÃO, BERMUDA ou SHORTINHO" em espanhol?** *Pantalones cortos, shorts, vaqueros cortados, pantalones piratas.*

94. Camarero

- **O que não quer dizer?** Camareiro.
- **O que realmente significa?** Garçom, atendente.
- **Como dizer "CAMAREIRO" em espanhol?** *Chambelán.*

95. Cambio

- **O que não quer dizer?** Câmbio de marcha de carro.
- **O que realmente significa?** Mudança, troca, alteração, permuta; moeda estrangeira; troco (dinheiro).
- **Como dizer "CAMBIO DE MARCHA" em espanhol?** *Palanca de velocidades, palanca de cambios, transmisión manual.*

96. Camioneta

- **O que realmente significa?** O vocábulo *CAMIONETA,* na língua espanhola, é uma palavra polissêmica. Significa **caminhonete**, mas também possui outros significados. Dessa forma, *CAMIONETA* será uma palavra heterossemântica quando contemplar outro sentido que não seja o mesmo da língua portuguesa (outro que não **caminhonete**).

- **Que outros significados o vocábulo *CAMIONETA* apresenta?** Furgão, van; cabine do caminhão; caminhão pequeno.

- **Como dizer "CAMINHONETE" em espanhol?** *Camioneta.*

97. Cana

- **O que não quer dizer?** Cana de açúcar.

- **O que realmente significa?** Cabelo grisalho.

- **Como dizer "CANA DE AÇÚCAR" em espanhol?** *Caña de azúcar.*

98. Caña

- **O que não quer dizer?** Canha (mão esquerda); cachaça.

- **O que realmente significa?** Vara de pescar, cana de açúcar.

- **Como dizer "CANHA" em espanhol?** *Mano izquierda; aguardente, licor de caña de azúcar.*

99. Cancelar

- **O que realmente significa?** O verbo *CANCELAR,* na língua espanhola, é uma palavra polissêmica. Significa **cancelar**, mas também possui outros significados. Dessa forma, *CANCELAR* será uma palavra heterossemântica quando contemplar outro sentido que não seja o mesmo da língua portuguesa (outro que não **cancelar**).

- **Que outros significados o vocábulo *CANCELAR* apresenta?** Quitar, pagar, liquidar.

- **Como dizer "CANCELAR" em espanhol?** *Cancelar, anular.*

100. Caprichoso

- **O que não quer dizer?** Caprichoso.

- **O que realmente significa?** Teimoso; distraído; inconstante; temperamental; impulsivo; imprevisível.

- **Como dizer "CAPRICHOSO" em espanhol?** *Prolijo, aseado.*

101. **Cápsula**

- **O que realmente significa?** O vocábulo *CÁPSULA*, na língua espanhola, é uma palavra polissêmica. Significa **cápsula ou comprimido**, mas também possui outro significado. Dessa forma, *CÁPSULA* será considerada uma palavra heterossemântica quando contemplar outro sentido que não seja o mesmo da língua portuguesa (outro que não **comprimido**).
- **Que outros significados o vocábulo *CÁPSULA* apresenta?** Casulo.
- **Como dizer "CÁPSULA" em espanhol?** *pastilla, comprimido, tableta, píldora, comprimido, cápsula.*

102.   **Caramelo**

- **O que realmente significa?** O vocábulo *CARAMELO*, na língua espanhola, é uma palavra polissêmica. Significa **caramelo**, mas também possui outros significados. Dessa forma, *CARAMELO* será considerada uma palavra heterossemântica quando apresentar outro significado que não seja o mesmo da língua portuguesa (outro que não **caramelo**).
- **Que outros significados o vocábulo *CARAMELO* apresenta?** Bala, doce, guloseima.
- **Como dizer "CARAMELO" em espanhol?** *Caramelo.*

103.   **Carné**

- **O que não quer dizer?** Carnê de pagamentos.
- **O que realmente significa?** Crachá, cartão ou carteira de identificação; carteira de habilitação; carteira de identidade.
- **Como dizer "CARNÊ DE PAGAMENTOS" em espanhol?** *Compraventa a plazos.*

104.   **Carnicero**

- **O que não quer dizer?** Carniceiro.
- **O que realmente significa?** Açougueiro.
- **Como dizer "CARNICEIRO" em espanhol?** *Sanguinario, despiadado.*

105. **Carnicería**

- **O que realmente significa?** O vocábulo *CARNICERÍA,* na língua espanhola, tem valor polissêmico. Significa **carnificina ou chacina**, mas também possui outro significado. Dessa forma, *CARNICERÍA* será considerada uma palavra heterossemântica quando contemplar outro sentido que não seja o mesmo da língua portuguesa (outro que não **carnificina, chacina**).
- **Que outros significados o vocábulo CARNICERÍA apresenta?** Açougue.
- **Como dizer "CARNIFICINA" em espanhol?** *Carnicería, matadero, matanza, masacre.*

106. **Carpa**

- **O que realmente significa?** O vocábulo *CARPA,* na língua espanhola, tem valor polissêmico; ou seja, contempla mais de um significado. Dessa forma, significa **peixe carpa**, mas também possui outros significados. *CARPA* será considerada uma palavra heterossemântica quando contemplar outro sentido que não seja o mesmo da língua portuguesa (outro que não **peixe carpa**).
- **Que outros significados o vocábulo *CARPA* apresenta?** Toldo, barraca, pavilhão, picadeiro (circo).
- **Como dizer "CARPA (PEIXE)" em espanhol?** *Carpa.*

107. **Carretero**

- **O que não quer dizer?** Carreteiro.
- **O que realmente significa?** Fabricante de carruagem, condutor de carruagem, carroceiro ou rodoviário.
- **Como dizer "CARRETEIRO" em espanhol?** Por ser uma comida típica brasileira, não há tradução para a língua espanhola. A tradução mais aproximada seria *"arroz con carne"* ou *"arroz y carne"*, mas sabemos que não é o mesmo que o arroz carreteiro do Brasil.

108. **Carroza**

- **O que não quer dizer?** Carroça.
- **O que realmente significa?** Carro alegórico; carruagem; pessoa careta, antiquada.
- **Como dizer "CARROÇA" em espanhol?** *Carro.*

109. **Carro**

- **O que não quer dizer?** Carro.

- **O que realmente significa?** Carroça, carro alegórico, carruagem, reboque, carreta, carrinho de supermercado; pessoa careta, antiquada; grande quantidade de algo; fruta muito madura, passada.

- **Como dizer "CARRO" em espanhol?** Coche, auto.

  Obs.: Há países na América que usam o vocábulo CARRO para automóvel.

110. **Cartel**

- **O que realmente significa?** O vocábulo *CARTEL,* na língua espanhola, tem valor polissêmico; ou seja, contempla mais de um significado. Dessa forma, significa **acordo entre várias empresas para evitar a concorrência mútua e regular a produção, a venda e os preços em um determinado campo industrial,** mas também possui outros significados. *CARTEL* será considerada uma palavra heterossemântica quando contemplar outro sentido que não seja o mesmo da língua portuguesa (outro que não **o acordo entre empresas).**

- **Que outros significados o vocábulo *CARTEL* apresenta?** Letreiro, cartaz, painel publicitário; cartaz ou capa de divulgação de filme.

- **Como dizer "CARTEL" em espanhol?** *Cartel.*

111. **Cartera**

- **O que não quer dizer?** Carteira escolar.

- **O que realmente significa?** Carteira de documentos; carteira/carta de clientes ou investimento; bolsa.

- **Como dizer "CARTEIRA ESCOLAR" em espanhol?** *Pupitre, banco.*

112. **Cartón**

- **O que não quer dizer?** Cartão de crédito e/ou débito.

- **O que realmente significa?** Papelão, caixa, cartão (papel rígido); cartela de bingo.

- **Como dizer "CARTÃO" em espanhol?** *Tarjeta.*

113. **Celo**

- **O que não quer dizer?** Selo.

- **O que realmente significa?** Ciúmes; zelo; cio; durex.

- **Como dizer "SELO" em espanhol?** *Sello, estampilla, timbre.*

114. Celoso

- **O que não quer dizer?** Zeloso.
- **O que realmente significa?** Ciumento.
- **Como dizer "ZELOSO" em espanhol?** *Diligente, solícito, cuidadoso.*

115. Cena

- **O que não quer dizer?** Cena.
- **O que realmente significa?** Janta.
- **Como dizer "CENA" em espanhol?** *Escena.*

116. Cepillo

- **O que realmente significa?** O substantivo *CEPILLO*, na língua espanhola, tem valor polissêmico; ou seja, contempla mais de um significado. Dessa forma, significa **plaina pequena usada para alisar madeira (cepilho)**, mas também possui outro significado. *CEPILLO* será considerada uma palavra heterossemântica quando contemplar outro sentido que não seja o mesmo da língua portuguesa (outro que não **cepilho**).
- **Que outro significado o vocábulo *CEPILLO* apresenta?** Escova.
- **Como dizer "CEPILHO" em espanhol?** *Cepillo.*

117. Cerca

- **O que não quer dizer?** Cerca.
- **O que realmente significa?** Perto, próximo.
- **Como dizer "CERCA" em espanhol?** *Valla, verja, borde, cercado.*

118. Cerrado

- **O que não quer dizer?** Serrado.
- **O que realmente significa?** Fechado; exigente; brusco; entranhado.
- **Como dizer "SERRADO" em espanhol?** *Tensado, serruchado, serrado.*

119. Cerrar

- **O que não quer dizer?** Serrar.
- **O que realmente significa?** Serruchar, tensar, serrar.
- **Como dizer "SERRAR" em espanhol?** *Serruchar, serrar, acerrar.*

120. **Champiónes**

- **O que realmente significa?** O vocábulo *CHAMPIÓNES,* na língua espanhola, tem valor polissêmico; ou seja, contempla mais de um significado. Dessa forma, significa **tipo de cogumelo conhecido como champignhon**, mas também possui outro significado. Ele será considerado uma palavra heterossemântica quando contemplar outro sentido que não seja o mesmo da língua portuguesa (outro que não **cogumelo champighon**).
- **Que outro significado o vocábulo *CHAMPIÓNES* apresenta?** Tênis.
- **Como dizer "COGUMELO" em espanhol?** *Seta, hongo, champiñón.*

121. **Chequera**

- **O que não quer dizer?** Shakeira, coqueteleira.
- **O que realmente significa?** Talão de cheques.
- **Como dizer "SHAKEIRA" em espanhol?** *Coctelera.*

122. **Chico**

- **O que não quer dizer?** "Pequeno pedaço" ou forma popular de chamar o órgão genital masculino.
- **O que realmente significa?** Menino, garoto, homem de pouca idade, pequeno.
- **Como dizer "PEQUENO PEDAÇO ou ÓRGÃO GENITAL MASCULINO" em espanhol?** *Esquirla, tiesto, trozo* (pequeno pedaço); *pene, chorra, pito, pitulín, picha, polla* (forma popular de chamar o órgão genital masculino em espanhol).

123. **Chiflado**

- **O que não quer dizer?** Chifrado.
- **O que realmente significa?** Louco, pirado.
- **Como dizer "CHIFRADO" em espanhol?** *Cornudo.*

124. **Chiflar**

- **O que não quer dizer?** Chifrar, trair.
- **O que realmente significa?** Assobiar, apitar; vaiar; adorar; deixar louco.
- **Como dizer "CHIFRAR" em espanhol?** *Cornear, poner los cuernos; traicionar; engañar.*

125. Científico

- **O que realmente significa?** O vocábulo *CIENTÍFICO*, na língua espanhola, tem valor polissêmico; ou seja, contempla mais de um significado. Dessa forma, significa **científico**, mas também possui outro significado. *CIENTÍFICO* será considerada uma palavra heterossemântica quando contemplar outro sentido que não seja o mesmo da língua portuguesa.
- **Que outro significado o vocábulo *CIENTÍFICO* apresenta?** Cientista.
- **Como dizer "CIENTÍFICO" em espanhol?** *Científico.*

126. Cigarro

- **O que realmente significa?** O substantivo *CIGARRO,* na língua espanhola, tem valor polissêmico; ou seja, contempla mais de um significado. Dessa forma, significa **cigarro**, mas também possui outro significado. *CIGARRO* será considerada uma palavra heterossemântica quando contemplar outro sentido que não seja o mesmo da língua portuguesa (outro que não **cigarro**).
- **Que outro significado o vocábulo *CIGARRO* apresenta?** Charuto.
- **Como dizer "CIGARRO" em espanhol?** *Cigarro, cigarrillo, pucho, pitillo, faso.*

127. Chorro

- **O que não quer dizer?** Choro.
- **O que realmente significa?** Jato, golfada, borrifo, borrifadela; ladrãozinho, trombadinha; diarreia.
- **Como dizer "CHORO" em espanhol?** *Llanto, lloro, gimoteo, lloriqueo.*

128. Chulo

- **O que não quer dizer?** Chulo, baixo.
- **O que realmente significa?** Fofo, amado; elegante, chique; sensual, sedutor; arrogante, metido.
- **Como dizer "CHULO" em espanhol?** *Grosero.*

129. Cinta

- **O que não quer dizer?** Cinta, faixa; peça de baixo do vestuário feminino, confeccionada de tecido elástico e que envolve o corpo da cintura aos quadris.
- **O que realmente significa?** Longa metragem (filme), fita, laço, esteira.
- **Como dizer "CINTA" em espanhol?** *Ceñidor, faja, banda, cinto.*

130. **Ciruela**

- **O que não quer dizer?** Ceroulas.
- **O que realmente significa?** Ameixa.
- **Como dizer "CEROULAS" em espanhol?** *Calzoncillo largo, bombachos.*

131. **Cita**

- **O que realmente significa?** O vocábulo *CITA*, na língua espanhola, tem valor polissêmico; ou seja, contempla mais de um significado. Dessa forma, significa **citação**, mas também possui outros significados. Ele será considerado uma palavra heterossemântica quando contemplar outro sentido que não seja o mesmo da língua portuguesa (outro que não **citar, mencionar a alguém** em um discurso ou texto escrito).
- **Que outros significados o vocábulo *CITA* apresenta?** Encontro; hora marcada; compromisso; consulta.
- **Como dizer "CITA/ CITAÇÃO" em espanhol?** *Cita, citación.*

132. **Clase**

- **O que não quer dizer?** Classe escolar, carteira escolar, mesa escolar.
- **O que realmente significa?** Aula; turma; classe, tipo, categoria ou espécie.
- **Como dizer "CLASSE/ CARTEIRA ESCOLAR" em espanhol?** *Pupitre, banco.*

133. **Cobijar**

- **O que não quer dizer?** Cobiçar.
- **O que realmente significa?** Refugiar, abrigar, dar estadia.
- **Como dizer "COBIÇAR" em espanhol?** *Codiciar.*

134. **Cobrar**

- **O que realmente significa?** O verbo *COBRAR*, na língua espanhola, tem valor polissêmico; ou seja, contempla mais de um significado. Dessa forma, significa **cobrar** ou **fazer alguma cobrança**, mas também possui outros significados. Ele será considerado uma palavra heterossemântica quando contemplar outro sentido que não seja o mesmo da língua portuguesa (outro que não **cobrar**).
- **Que outros significados o vocábulo *COBRAR* apresenta?** Receber (salário); adquirir; causar, abater; puxar uma corda; punir pelas faltas cometidas no esporte.
- **Como dizer "COBRAR" em espanhol?** *Cobrar.*

135. **Cobrarse**

- **O que não quer dizer?** Fazer uma autocobrança.
- **O que realmente significa?** Causar morte.
- **Como dizer "COBRAR-SE" em espanhol?** *Exigirse*.

136. **Cocina**

- **O que realmente significa?** O substantivo *COCINA* é um vocábulo polissêmico. Significa **cozinha**, mas também possui outro significado. *COCINA* será considerada uma palavra heterossemântica quando apresentar outro sentido que não seja o mesmo da língua portuguesa (outro que não **cozinha**).
- **Que outro significado o vocábulo *COCINA* apresenta?** Fogão.
- **Como dizer "COZINHA" em espanhol?** Cocina.

137. **Cola**

- **O que não quer dizer?** Cola (material que gruda); cola (trapaça em prova).
- **O que realmente significa?** Rabo, cauda; fila; parte final de algum lugar; calda do vestido; nádegas.
- **Como dizer "COLA" em espanhol?** *Pegamento, voligoma, plasticola* (material que gruda); *chuleta* (trapaça em prova).

138. **Colado**

- **O que não quer dizer?** Colado, grudado.
- **O que realmente significa?** Escorrido (macarrão); coado; penetra; parasita.
- **Como dizer "COLADO" em espanhol?** *Pegoteado, pegado, encolado*.

139. **Colador**

- **O que não quer dizer?** Colador (aquele que cola).
- **O que realmente significa?** Peneira, coador; escorredor; separador.
- **Como dizer "COLADOR" em espanhol?** *Copión*.

140. **Colar**

- **O que não quer dizer?** Colar.
- **O que realmente significa?** Coar, filtrar; inserir, encaixar; branquear a roupa com água sanitária; passar por algum lugar estreito ou difícil.
- **Como dizer "COLAR" em espanhol?** *Pegar*.

141. Colarse

- **O que não quer dizer?** Colar-se em algo ou alguém.
- **O que realmente significa?** Ir de penetra, ou seja, ir sem ser convidado em alguma ocasião; espalhar boatos ou mentiras; cometer erros; estar muito apaixonado; driblar rápida e precisamente.
- **Como dizer "COLAR-SE" em espanhol?** *Pegarse, adherirse.*

142. Coleta

- **O que não quer dizer?** Coleta.
- **O que realmente significa?** Trança ou rabo de cavalo.
- **Como dizer "COLETA" em espanhol?** *Colecta.*

143. Coger

- **O que não quer dizer?** Correr.
- **O que realmente significa?** Pegar algo de alguém, pegar um meio de transporte, pegar uma doença, pegar uma mania; carregar; segurar; confiscar, tomar; pegar, ficar com, aceitar; contratar; receber; tomar; situar-se. Em alguns países da América, também significa ter relação sexual.
- **Como dizer "CORRER" em espanhol?** *Correr.*

144. Colectivo

- **O que realmente significa?** O vocábulo *COLECTIVO*, na língua espanhola, tem valor polissêmico; ou seja, contempla mais de um significado. Dessa forma, significa **coletivo, grupo, algo feito em grupo,** mas também possui outro significado. *COLECTIVO* será considerada uma palavra heterossemântica quando contemplar outro sentido que não seja o mesmo da língua portuguesa (outro que não coletivo).
- **Que outro significado o vocábulo *COLECTIVO* apresenta?** Ônibus.
- **Como dizer "COLETIVO" em espanhol?** *Colectivo.*

145. Comedor

- **O que não quer dizer?** Homem galinha.
- **O que realmente significa?** Sala de jantar, refeitório, cantina.
- **Como dizer "COMEDOR/ HOMEM GALINHA" em espanhol?** *Canalla, sinvergüenza, bribón, chanta.*

146. Coma

- **O que realmente significa?** O vocábulo *COMA*, na língua espanhola, é uma palavra polissêmica. Dessa forma, significa **"estado patológico caracterizado por perda de consciência, de sensibilidade e de capacidade motora"**, mas também possui outro significado. Dessa forma, *COMA* será um falso cognato apenas quando contemplar outro sentido que não seja o mesmo da língua portuguesa (outro que não estado de **coma**).
- **Que outro significado o vocábulo *COMA* apresenta?** Vírgula.
- **Como dizer "COMA" em espanhol?** *Coma.*

147. Cometa

- **O que realmente significa?** O vocábulo *COMETA*, na língua espanhola, é uma palavra polissêmica. Dessa forma, significa **cometa** ou **corpo celestial**, mas também possui outro significado. *COMETA* será um falso cognato apenas quando contemplar outro sentido que não seja o mesmo da língua portuguesa (outro que não **corpo celestial**).
- **Que outro significado o vocábulo *COMETA* apresenta?** Pipa.
- **Como dizer "COMETA" em espanhol?** *Cometa.*

148. Competencia

- **O que realmente significa?** O vocábulo *COMPETENCIA*, na língua espanhola, é uma palavra polissêmica. Significa **competência**, **capacidade** ou **aptidão**, mas também possui outros significados. Dessa forma, *COMPETENCIA* será um falso cognato apenas quando contemplar outro sentido que não seja o mesmo da língua portuguesa (outro que não **capacidade/aptidão**).
- **Que outros significados o vocábulo *COMPETENCIA* apresenta?** Competição; concorrência.
- **Como dizer "COMPETÊNCIA" em espanhol?** *Competencia, aptitud, capacidade.*

149. Concha

- **O que não quer dizer?** Talher para servir sopas ou cremes.
- **O que realmente significa?** Casco (tartaruga); concha de moluscos; carapaça; casulo; maneira vulgar de nomear o órgão genital feminino.
- **Como dizer "CONCHA" de talher em espanhol?** *Cucharón, cacillo, cazo.*

150. **Conducir**

- **O que realmente significa?** O verbo *CONDUCIR*, na língua espanhola, é uma palavra polissêmica. Significa **conduzir, guiar** ou **levar**, mas possui outro significado. Dessa forma, *CONDUCIR* será um falso cognato apenas quando contemplar outro sentido que não seja o mesmo da língua portuguesa (outro que não **conduzir**).
- **Que outro significado o vocábulo *CONDUCIR* apresenta?** Dirigir um automóvel.
- **Como dizer "CONDUZIR" em espanhol?** *Conducir.*

151. **Conozco**

- **O que não quer dizer?** Conosco, com a gente.
- **O que realmente significa?** Conheço.
- **Como dizer "CONOSCO" em espanhol?** *Con nosotros.*

152. **Contestar**

- **O que não quer dizer?** Contestar, contrariar ou discordar.
- **O que realmente significa?** Responder.
- **Como dizer "CONTESTAR" em espanhol?** *Impugnar, combatir, contradecir, refutar.*

153. **Contestador**

- **O que não quer dizer?** Aquele que contesta; refutador.
- **O que realmente significa?** Aquele que responde; secretária eletrônica.
- **Como dizer "CONTESTADOR" em espanhol?** *Impugnador, detractor, insumiso.*

154. **Contraer**

- **O que realmente significa?** O verbo *CONTRAER*, na língua espanhola, é uma palavra polissêmica. Significa **contrair** ou **adquirir**, mas também possui outros significados. Dessa forma, *CONTRAER* será um falso cognato apenas quando contemplar outro sentido que não seja o mesmo da língua portuguesa (outro que não **contrair**).
- **Que outros significados o vocábulo *CONTRAER* apresenta?** Casar-se; assumir um compromisso; ir direto ao ponto.
- **Como dizer "CONTRAIR" em espanhol?** *Contraer, adquirir, contagiarse.*

155. Copa

- **O que não quer dizer?** Copa (parte anexa à cozinha).
- **O que realmente significa?** Taça, cálice.
- **Como dizer "COPA" em espanhol?** *Despensa, almacén.*

156. Copo

- **O que não quer dizer?** Copo.
- **O que realmente significa?** Floco de neve; cone ou copinho do sorvete.
- **Como dizer "COPO" em espanhol?** *Vaso.*

157. Crianza

- **O que não quer dizer?** Criança.
- **O que realmente significa?** Criação, educação; envelhecimento (vinho).
- **Como dizer "CRIANÇA" em espanhol?** *Niño, criatura.*

158. Criatura

- **O que realmente significa?** O vocábulo *CRIATURA*, na língua espanhola, é uma palavra polissêmica. Significa **criatura**, mas também possui outros significados. Dessa forma, *CRIATURA* será um falso cognato apenas quando contemplar outro sentido que não seja o mesmo da língua portuguesa (outro que não **criatura**).
- **Que outro significado o vocábulo *CRIATURA* apresenta?** Criança; feto; bebê; alma penada; monstro.
- **Como dizer "CRIATURA" em espanhol?** *Criatura.*

159. Cu

- **O que não quer dizer?** Ânus.
- **O que realmente significa?** A letra "Q" do alfabeto.
- **Como dizer "ÂNUS" em espanhol?** *Culo, ano.*

160. **Cubiertos**

- **O que realmente significa?** O vocábulo *CUBIERTOS*, na língua espanhola, tem valor polissêmico; ou seja, contempla mais de um significado. Dessa forma, significa **estar coberto** ou **estar tapado**, mas possui outros significados. *CUBIERTOS* será um falso cognato apenas quando apresentar outro sentido que não o mesmo da língua portuguesa (outro que não **coberto/tapado**).
- **Que outros significados o vocábulo *CUBIERTOS* apresenta?** Jogo de louça; talheres; encoberto (tempo).
- **Como dizer "COBERTO" em espanhol?** *Tapado, envuelto, protegido, oculto, cerrado.*

161. **Cuello**

- **O que não quer dizer?** Coelho.
- **O que realmente significa?** Pescoço; colarinho (da camisa), gola (da camiseta); gargalo (da garrafa); decote; colo do útero; alça da bolsa.
- **Como dizer "COELHO" em espanhol?** *Conejo.*

162. **Cura**

- **O que não quer dizer?** Cura, recuperação da saúde.
- **O que realmente significa?** Padre da igreja católica.
- **Como dizer "CURA" em espanhol?** *Curación, recuperación.*

163. **Curioso**

- **O que realmente significa?** O vocábulo *CURIOSO*, na língua espanhola, tem valor polissêmico; ou seja, contempla mais de um significado. Dessa forma, significa **bisbilhoteiro, interessado ou singular**, mas também possui outro significado. *CURIOSO* será considerada uma palavra heterossemântica quando contemplar outro sentido que não seja o mesmo da língua portuguesa (outro que não **curioso/interessado/singular**).
- **Que outro significado o vocábulo *CURIOSO* apresenta?** Limpo, bem arrumado.
- **Como dizer "CURIOSO" em espanhol?** *Curioso.*

164. **Débil**

- **O que não quer dizer?** Débil mental, abobado.
- **O que realmente significa?** Fraco, frágil.
- **Como dizer "DÉBIL /ABOBADO" em espanhol?** *Tonto.*

165. **Dependiente**

- **O que não quer dizer?** O vocábulo *DEPENDIENTE*, na língua espanhola, tem valor polissêmico; ou seja, contempla mais de um significado. Dessa forma, significa **ser dependente, depender de algo** ou **de alguém ou ser viciado,** mas também possui outro significado. DEPENDIENTE será um falso cognato apenas quando apresentar outro sentido que não o mesmo da língua portuguesa (outro que não dependente).
- **Que outros significados o vocábulo *DEPENDIENTE* apresenta?** Vendedor, atendente, balconista.
- **Como dizer "DEPENDENTE" em espanhol?** *Dependiente; adicto (a drogas).*

166. **Derrochar**

- **O que não quer dizer?** Derrotar.
- **O que realmente significa?** Ostentar.
- **Como dizer "DERROTAR" em espanhol?** *Derrotar, sujetar, ganar, vencer.*

167. **Desde luego**

- **O que não quer dizer?** A partir de agora.
- **O que realmente significa?** Sem dúvida, com certeza, certamente.
- **Como dizer "A PARTIR DE AGORA" em espanhol?** *A partir de ahora; desde ahora.*

168. Desecho

- O que **não quer dizer?** Desejo.
- O que **realmente significa?** Resíduo, descarte.
- Como dizer "DESEJO" em espanhol? *Deseo.*

169. Desenvolver

- O que **não quer dizer?** Desenvolver.
- O que **realmente significa?** Desembrulhar, desempacotar.
- Como dizer "DESENVOLVER" em espanhol? *Desarrollar.*

170. Desenvolverse

- O que **não quer dizer?** Desenvolver-se.
- O que **realmente significa?** Livrar-se; superar-se; entrar nos eixos, endireitar-se.
- Como dizer "DESENVOLVER-SE" em espanhol? *Desarrollarse.*

171. Deslumbrado

- O que **realmente significa?** O vocábulo *DESLUMBRADO*, na língua espanhola, tem valor polissêmico; ou seja, contempla mais de um significado. Dessa forma, significa **estar deslumbrado**, mas possui outro significado. Ele será considerado uma palavra heterossemântica quando contemplar outro sentido que não seja o mesmo da língua portuguesa (outro que não **deslumbrado**).
- Que outro significado o vocábulo *DESLUMBRADO* apresenta? Ofuscado.
- Como dizer "DESLUMBRADO" em espanhol? *Embelezado, cautivado, fascinado, deslumbrado.*

172. Despacho

- O que **realmente significa?** O vocábulo *DESPACHO*, na língua espanhola, tem valor polissêmico; ou seja, contempla mais de um significado. Dessa forma, significa **envio, despacho ou remessa**, mas também possui outros significados. Ele será considerado uma palavra heterossemântica quando contemplar outro sentido que não seja o mesmo da língua portuguesa.
- Que outros significados o vocábulo *DESPACHO* apresenta? Relatório; escritório; sala de trabalho.
- Como dizer "DESPACHO" em espanhol? *Envío, despacho.*

173. **Despedir**

- **O que realmente significa?** O verbo *DESPEDIR*, na língua espanhola, tem valor polissêmico; ou seja, contempla mais de um significado. Dessa forma, significa **demitir alguém**, mas também possui outros significados. Ele será considerado uma palavra heterossemântica quando contemplar outro sentido que não seja o mesmo da língua portuguesa (outro que não **demitir**).
- **Que outros significados o vocábulo *DESPEDIR* apresenta?** Soltar, jogar, lançar ou arremessar; emitir, expelir ou exalar; afastar
- **Como dizer "DESPEDIR" em espanhol?** *Despedir.*

174. **Despedirse**

- **O que realmente significa?** O verbo reflexivo *DESPEDIRSE,* na língua espanhola, tem valor polissêmico; ou seja, contempla mais de um significado. Dessa forma, significa **dar adeus**, mas também possui outros significados. Ele será considerado uma palavra heterossemântica quando contemplar outro sentido que não seja o mesmo da língua portuguesa (outro que não **dar adeus**).
- **Que outros significados o vocábulo *DESPEDIRSE* apresenta?** Desistir ou fazer uma festa de despedida.
- **Como dizer "DESPEDIR-SE" em espanhol?** *Saludar; decir adiós, despedirse.*

175. **Despido**

- **O que não quer dizer?** Sem roupa.
- **O que realmente significa?** Demissão; despedida.
- **Como dizer "DESPIDO" em espanhol?** *Desnudo, desvestido, sin ropa.*

176. **Desquite**

- **O que não quer dizer?** Separação, divórcio.
- **O que realmente significa?** Vingança, retaliação, represália.
- **Como dizer "DESQUITE" em espanhol?** *Separación; divorcio.*

177. **Desquitarse**

- **O que não quer dizer?** Separar-se.
- **O que realmente significa?** Empatar ou vingar-se.
- **Como dizer "DESQUITAR-SE" em espanhol?** *Divorciarse, separarse, irse cada uno por su lado.*

178. Dirección

- **O que realmente significa?** O vocábulo *DIRECCIÓN*, na língua espanhola, tem valor polissêmico; ou seja, contempla mais de um significado. Dessa forma, significa **direção, caminho; gestão, supervisão, gerência; direcionamento,** mas também possui outros significados. *DIRECCIÓN* será considerada uma palavra heterossemântica quando contemplar outro sentido que não seja o mesmo da língua portuguesa (outro que não **direção, caminho, supervisão, direcionamento**).

- **Que outros significados o vocábulo *DIRECCIÓN* apresenta?** Endereço (físico ou de internet), local.

- **Como dizer "DIREÇÃO" em espanhol?** *Dirección, rumbo, senda* (para caminho, direção); *dirección, tratamiento, gestión, tratamiento, gerencia, manejo* (para gestão, supervisão e gerência); *dirección, orden, instrucción* (para direcionamento).

179. Dibujo

- **O que não quer dizer?** De burro.
- **O que realmente significa?** Desenho, ilustração.
- **Como dizer "DE BURRO" em espanhol?** *De tonto.*

180. Diseño

- **O que realmente significa?** O vocábulo *DISEÑO*, na língua espanhola, tem valor polissêmico; ou seja, contempla mais de um significado. Dessa forma, significa **desenho ou ilustração,** mas também possui outros significados. *DISEÑO* será considerado uma palavra heterossemântica quando contemplar outro sentido que não seja o mesmo da língua portuguesa (outro que não **desenho**).

- **Que outros significados o vocábulo *DISEÑO* apresenta?** Projeto, design, esquema.

- **Como dizer "DESENHO" em espanhol?** *Dibujo* (mais usual) ou *diseño.*

181. Diseñar

- **O que realmente significa?** O vocábulo *DISEÑAR*, na língua espanhola, tem valor polissêmico; ou seja, contempla mais de um significado. Dessa forma, significa **desenhar,** mas também possui outros significados. *DISEÑAR* será considerado uma palavra heterossemântica quando contemplar outro sentido que não seja o mesmo da língua portuguesa (outro que não **desenhar**).

- **Que outros significados o vocábulo *DISEÑAR* apresenta?** Arquitetar, projetar, criar, construir, estruturar.

- **Como dizer "DESENHAR" em espanhol?** *Dibujar* (mais usual) ou *diseñar.*

182. **Diseñador**

- **O que realmente significa?** O vocábulo *DISEÑADOR,* na língua espanhola, tem valor polissêmico; ou seja, contempla mais de um significado. Dessa forma, significa **desenhista**, mas também possui outros significados. *DISEÑADOR* será considerado uma palavra heterossemântica quando contemplar outro sentido que não seja o mesmo da língua portuguesa (outro que não **desenhista**).

- **Que outros significados o vocábulo *DISEÑADOR* apresenta?** Projetista, designer, programador, desenvolvedor, estilista.

- **Como dizer "DESENHISTA" em espanhol?** *Dibujante* ou *diseñador.*

$\mathcal{E}$

183. Embarazo

- **O que não quer dizer?** Embaraço, acanhamento, constrangimento; aquilo que estorva e dificulta; hesitação, perturbação.
- **O que realmente significa?** Gravidez.
- **Como dizer "EMBARAÇO" em espanhol?** *Torpeza, dificultad, vacilación, titubeo.*

184. Embarazar

- **O que não quer dizer?** Embaraçar, impedir, impossibilitar, complicar.
- **O que realmente significa?** Engravidar.
- **Como dizer "EMBARAÇAR" em espanhol?** *Enredarse, enmarañarse, complicar.*

185. Embarazada

- **O que não quer dizer?** Embaraçada, tímida ou assustada.
- **O que realmente significa?** Grávida.
- **Como dizer "EMBARAÇADA" em espanhol?** *Apocada, intimidada, vergonzosa.*

186. Embolado

- **O que não quer dizer?** Embolado, embaraçado.
- **O que realmente significa?** Entediado, embriagado; tarefa difícil e interminável; "saia justa".
- **Como dizer "EMBOLADO, EMBARAÇADO" em espanhol?** *Desordenado, desgreñado.*

187. Empeñar

- **O que realmente significa?** O verbo *EMPEÑAR*, na língua espanhola, tem valor polissêmico; ou seja, contempla mais de um significado. Dessa forma, significa **dedicar esforço a algo**, mas também possui outro significado. *EMPEÑAR* será considerado uma palavra heterossemântica quando contemplar outro sentido que não seja o mesmo da língua portuguesa (outro que não **empenhar, dedicar**).
- **Que outro significado o vocábulo *EMPEÑAR* apresenta?** Penhorar.
- **Como dizer "EMPENHAR" em espanhol?** *Empecinarse, emperrarse, obcecarse, obsesionarse, perseverar, persistir, insistir.*

188. Empeñarse

- **O que realmente significa?** O verbo reflexivo *EMPEÑARSE*, na língua espanhola, tem valor polissêmico; ou seja, contempla mais de um significado. Dessa forma, significa **empenhar-se ou dedicar-se muito a algo**, mas também possui outros significados. *EMPEÑARSE* será considerado uma palavra heterossemântica quando contemplar outro sentido que não seja o mesmo da língua portuguesa (outro que não **empenhar-se, dedicar-se**).
- **Que outros significados o vocábulo *EMPENHARSE* apresenta?** Endividar-se; arriscar-se em uma embarcação.
- **Como dizer "EMPENHAR-SE" em espanhol?** *Empecinarse, emperrarse, obcecarse, obsesionarse, perseverar, persistir, insistir.*

189. Empeñado

- **O que não quer dizer?** Empenhado, comprometido, envolvido.
- **O que realmente significa?** Decidido, determinado; penhorado.
- **Como dizer "EMPENHADO" em espanhol?** *Comprometido, entregado.*

190. Encaje

- **O que realmente significa?** O vocábulo *ENCAJE*, na língua espanhola, tem valor polissêmico; ou seja, contempla mais de um significado. Dessa forma, significa **encaixe**, mas também possui outros significados. Ele será considerado uma palavra heterossemântica quando contemplar outro sentido que não seja o mesmo da língua portuguesa (outro que não **encaixe**).
- **Que outros significados o vocábulo *ENCAJE* apresenta?** Trabalho artesão; renda (tecido).
- **Como dizer "ENCAIXE" em espanhol?** *Encaje.*

191. **En cuanto**

- **O que não quer dizer?** Enquanto, simultaneamente.
- **O que realmente significa?** Assim que.
- **Como dizer "ENQUANTO" em espanhol?** *Mientras, entretanto, entre tanto, en tanto, a la vez que, al mismo tempo.*

192. **Encuesta**

- **O que não quer dizer?** Encosta.
- **O que realmente significa?** Pesquisa, investigação, interrogatório.
- **Como dizer "Encosta" em espanhol?** *Reclina, se acuesta.*

193. **Encuestar**

- **O que não quer dizer?** Encostar-se
- **O que realmente significa?** Entrevistar, pesquisar, interrogar.
- **Como dizer "ENCOSTAR-SE" em espanhol?** *Recostarse, reclinarse, acostarse.*

194. **Enderezar**

- **O que não quer dizer?** Expedir, remeter, colocar o endereço.
- **O que realmente significa?** Endireitar-se, aprumar-se; organizar uma situação; corrigir-se; reformar, melhorar; desencurvar-se, endireitar-se; esticar, desenrolar; alinhar.
- **Como dizer "ENDEREÇAR" em espanhol?** *Poner la dirección.*

195. **Enganchar**

- **O que realmente significa?** O verbo *ENGANCHAR,* na língua espanhola, tem valor polissêmico; ou seja, contempla mais de um significado. Dessa forma, significa **enganchar, prender ou amarrar,** mas possui outros significados. *ENGANCHAR* será considerada uma palavra heterossemântica quando contemplar outro sentido que não seja o mesmo da língua portuguesa (outro que não **enganchar, prender**).
- **Que outros significados o vocábulo *ENGANCHAR* apresenta?** Conectar um sistema elétrico ou mecânico; fazer gato da luz; empregar pessoas; pegar algo ou alguém de surpresa; atrair alguém de maneira intensa e natural; contrair uma doença; causar dependência. Em Cuba representa praticar o ato sexual. Na Costa Rica e no México significa apaixonar-se.
- **Como dizer "ENGACHAR-SE" em espanhol?** *Engancharse, asegurarse.*

196. Enojado

- **O que não quer dizer?** Enjoado.
- **O que realmente significa?** Irritado.
- **Como dizer "ENJOADO" em espanhol?** *Asqueado, mareado.*

197. Enojar

- **O que não quer dizer?** Ter nojo, enojar.
- **O que realmente significa?** Irritar, incomodar, enfurecer.
- **Como dizer "TER NOJO" em espanhol?** *Sentir asco, náusea; asquearse.*

198. Enojo

- **O que não quer dizer?** Ê... nojo.
- **O que realmente significa?** Aborrecimento, irritação; humilhação, vexame; incômodo.
- **Como dizer "NOJO" em espanhol?** *Asco, náusea.*

199. Enseñar

- **O que realmente significa?** O verbo *ENSEÑAR*, na língua espanhola, tem valor polissêmico; ou seja, contempla mais de um significado. Dessa forma, significa **"ensinar, lecionar"**, mas também possui outros significados. *ENSEÑAR* será considerada uma palavra heterossemântica quando contemplar outro sentido que não seja o mesmo da língua portuguesa (outro que não **ensinar**).
- **Que outros significados o vocábulo *ENSEÑAR* apresenta?** Mostrar; treinar; orientar, aconselhar; indicar.
- **Como dizer "ENSINAR" em espanhol?** *Enseñar, instruir.*

200. Enseñarse

- **O que não quer dizer?** Ser autodidata, ensinar-se.
- **O que realmente significa?** Acostumar-se.
- **Como dizer "SER AUTODIDATA" em espanhol?** *Ser autodidacta.*

201. Entretanto

- **O que não quer dizer?** Entretanto, no entanto, contudo, porém, todavia.
- **O que realmente significa?** Enquanto.
- **Como dizer "ENTRETANTO" em espanhol?** *Sin embargo, pero, no obstante.*

202. **Escenario**

- **O que não quer dizer?** Esse cenário.
- **O que realmente significa?** Palco, cenário, cena de um crime, set de filmagem.
- **Como dizer "Esse cenário" em espanhol?** *Ese escenario.*

203. **Escritorio**

- **O que não quer dizer?** Escritório.
- **O que realmente significa?** Mesa de trabalho, escrivaninha, classe/carteira escolar; área de trabalho (computador).
- **Como dizer "ESCRITÓRIO" em espanhol?** *Oficina, despacho, bufete de abogados.*

204. **Escoba**

- **O que não quer dizer?** Escova.
- **O que realmente significa?** Vassoura.
- **Como dizer "VASSOURA" em espanhol?** *Cepillo.*

205. **Espalda**

- **O que não quer dizer?** Espada.
- **O que realmente significa?** Costas; parte de trás; nado de costas.
- **Como dizer "ESPADA" em espanhol?** *Espada.*

206. **Espantar**

- **O que realmente significa?** O verbo *ESPANTAR,* na língua espanhola, tem valor polissêmico; ou seja, contempla mais de um significado. Dessa forma, significa **espantar, afugentar, assustar**, mas também possui outros significados. *ESPANTAR* será considerada uma palavra heterossemântica quando contemplar outro sentido que não seja o mesmo da língua portuguesa (outro que não **afugentar, assustar**).
- **Que outros significados o vocábulo *ESPANTAR* apresenta?** Aterrorizar, causar pânico, horrorizar; assombrar.
- **Como dizer "ESPANTAR" em espanhol?** *Espantar, ahuyentar, asustar.*

207. Espanto

- **O que não quer dizer?** Espanto, surpresa, susto.
- **O que realmente significa?** Terror, horror, pânico.
- **Como dizer "ESPANTO" em espanhol?** *Susto, sorpresa.*

208. Espantoso

- **O que não quer dizer?** Espantoso, inesperado.
- **O que realmente significa?** Aterrorizante, assustador, em estado de pânico, assombroso; incrível, impressionante, surpreendente; alarmante.
- **Como dizer "Espantoso" em espanhol?** *Horrible, desastroso, pésimo; alarmante.*

209. Esposar

- **O que não quer dizer?** Esposar, matrimoniar, casar.
- **O que realmente significa?** Prender.
- **Como dizer "CASAR" em espanhol?** *Casarse.*

210. Esposa

- **O que realmente significa?** O vocábulo *ESPOSA*, na língua espanhola, tem valor polissêmico; ou seja, contempla mais de um significado. Dessa forma, significa **esposa, mulher casada**, mas também tem outro significado. *ESPOSA* será considerada uma palavra heterossemântica quando contemplar outro sentido que não seja o mesmo da língua portuguesa (outro que não **mulher casada**).
- **Que outros significados o vocábulo *ESPOSA* apresenta?** Anel episcopal, algema.
- **Como dizer "ESPOSA" em espanhol?** *Esposa, cónyuge.*

211. Estofado

- **O que não quer dizer?** Estofado.
- **O que realmente significa?** Cozido, ensopado.
- **Como dizer "ESTOFADO" em espanhol?** *Tapizado.*

212. **Estante**

- **O que realmente significa?** O vocábulo *ESTANTE,* na língua espanhola, tem valor polissêmico; ou seja, contempla mais de um significado. Dessa forma, significa **estante ou rack**, mas também possui outro significado. Ele será considerado uma palavra heterossemântica quando contemplar outro sentido que não seja o mesmo da língua portuguesa (outro que não **estante**).
- **Que outros significados o vocábulo *ESTANTE* apresenta?** Prateleira.
- **Como dizer "ESTANTE" em espanhol?** *Estantería, estante, rinconera.*

213. **Estrellar**

- **O que realmente significa?** O vocábulo *ESTRELLAR,* na língua espanhola, tem valor polissêmico; ou seja, contempla mais de um significado. Dessa forma, significa **estrelar ou protagonizar**, mas também possui outros significados. Ele será considerado uma palavra heterossemântica quando contemplar outro sentido que não seja o mesmo da língua portuguesa (outro que não estrelar).
- **Que outros significados o vocábulo *ESTRELLAR* apresenta?** Bater; quebrar, espatifar; arruinar, fracassar.
- **Como dizer "ESTRELAR" em espanhol?** *Estrellar, protagonizar.*

214. **Éxito**

- **O que realmente significa?** O vocábulo *ÉXITO,* na língua espanhola, tem valor polissêmico; ou seja, contempla mais de um significado. Dessa forma, significa **êxito ou conquista**, mas também possui outro significado. Ele será considerado uma palavra heterossemântica quando contemplar outro sentido que não seja o mesmo da língua portuguesa (outro que não **êxito**).
- **Que outros significados o vocábulo *ÉXITO* apresenta?** Sucesso, realização.
- **Como dizer "ÊXITO" em espanhol?** *Éxito, logro, realización, consecución.*

215. **Experto**

- **O que não quer dizer?** Esperto
- **O que realmente significa?** Especialista, perito, experiente, profissional; craque, veterano.
- **Como dizer "Esperto" em espanhol?** *Listo, perspicaz, afiado.*

216. **Exprimir**

- **O que não quer dizer?** Exprimir.
- **O que realmente significa?** Espremer, extrair suco; esfolar; sugar, explorar; extorquir; arrancar; explorar ao máximo; capitalizar.
- **Como dizer "EXPRIMIR" em espanhol?** *Expresarse, decir, declarar, representar, simbolizar.*

217. **Exquisito**

- **O que não quer dizer?** Estranho, esquisito, bizarro.
- **O que realmente significa?** Sofisticado, belo, requintado, rico; impecável, excelente; saboroso, delicioso.
- **Como dizer "Esquisito" em espanhol?** *Extraño, raro.*

218. **Extrañar**

- **O que realmente quer dizer?** O verbo *EXTRAÑAR*, na língua espanhola, tem valor polissêmico; ou seja, contempla mais de um significado. Dessa forma, significa **estranhar**, mas também possui outros significados. *EXTRAÑAR* será considerado uma palavra heterossemântica quando contemplar outro sentido que não seja o mesmo da língua portuguesa (outro que não **estranhar**).
- **Que outros significados o vocábulo *EXTRAÑAR* apresenta?** Sentir falta, sentir saudade; banir um país estrangeiro; evitar.
- **Como dizer "ESTRANHAR" em espanhol?** *Extrañar.*

219. **Extraño**

- **O que realmente quer dizer?** O vocábulo *EXTRAÑO*, na língua espanhola, tem valor polissêmico; ou seja, contempla mais de um significado. Dessa forma, significa **estranho, bizarro ou desconhecido**, mas possui outros significados. Ele será considerado uma palavra heterossemântica quando contemplar outro sentido que não seja o mesmo da língua portuguesa (outro que não **estranho**).
- **Que outros significados o vocábulo *EXTRAÑO* apresenta?** Extraordinário, excepcional; estrangeiro.
- **Como dizer "ESTRANHO" em espanhol?** *Extraño, desconocido.*

220. Falda

- O que não quer dizer? Fralda.
- O que realmente significa? Saia; carne bovina conhecida como "fraldinha"; mantinha leve; cobertorzinho leve; parte baixa de uma montanha.
- Como dizer "FRALDA" em espanhol? *Pañal.*

221. Faro

- O que não quer dizer? Faro, olfato; intuição.
- O que realmente significa? Farol; faraó; âncora, apoião; guia.
- Como dizer "FARO" em espanhol? *Olfato, olor; intuición.*

222. Fecha

- O que não quer dizer? Fecha.
- O que realmente significa? Data.
- Como dizer "FECHA" em espanhol? *Cierra.*

223. Fechar

- O que não quer dizer? Fechar.
- O que realmente significa? Datar, registrar data.
- Como dizer "FECHAR" em espanhol? *Cerrar.*

224. Fechado

- **O que não quer dizer?** Fechado.
- **O que realmente significa?** Datado, registrado.
- **Como dizer "FECHADO" em espanhol?** *Cerrado, terminado.*

225. Ferias

- **O que realmente significa?** O vocábulo *FERIAS*, na língua espanhola, tem valor polissêmico; ou seja, contempla mais de um significado. Dessa forma, significa **descanso e suspensão do trabalho**, mas também possui outros significados. Ele será considerado uma palavra heterossemântica quando contemplar outro sentido que não seja o mesmo da língua portuguesa (outro que não **férias**).
- **Que outros significados o vocábulo *FERIAS* apresenta?** Feira; parque de diversão; moeda; mercado de rua; camelódromo; exposição; acordo, convênio.
- **Como dizer "FÉRIAS" em espanhol?** *Ferias e vacaciones* (mais usual).

226. Finca

- **O que não quer dizer?** Finca (do verbo **fincar**).
- **O que realmente significa?** Imóvel, propriedade, latifúndio, fazenda, sítio, rancho.
- **Como dizer "FINCA" em espanhol?** *Clava.*

227. Firma

- **O que realmente significa?** O vocábulo *FIRMA*, na língua espanhola, tem valor polissêmico; ou seja, contempla mais de um significado. Dessa forma, significa **empresa**, mas também possui outros significados. *FIRMA* será considerada uma palavra heterossemântica quando contemplar outro sentido que não seja o mesmo da língua portuguesa (outro que não **empresa**).
- **Que outros significados o vocábulo *FIRMA* apresenta?** Assinatura; marca registrada; livro-ponto; inscrição; contratação.
- **Como dizer "FIRMA" em espanhol?** *Agencia, estúdio, firma, empresa.*

228. **Firmar**

- **O que não quer dizer?** Firmar.

- **O que realmente significa?** Assinar; concordar; autografar; registrar; concluir, finalizar; sancionar uma lei.

- **Como dizer "FIRMAR" em espanhol?** *Afirmar, sostener, basar, consolidar, fortalecer, afianzar, cimentar.*

229. **Flaco**

- **O que não quer dizer?** Fraco.

- **O que realmente significa?** Magro; abatido; influenciável.

- **Como dizer "FRACO" em espanhol?** *Débil.*

230. **Florero**

- **O que realmente significa?** O vocábulo *FLORERO*, na língua espanhola, tem valor polissêmico; ou seja, contempla mais de um significado. Dessa forma, significa **florista**, mas também possui outros significados. *FLORERO* será considerada uma palavra heterossemântica quando contemplar outro sentido que não seja o mesmo da língua portuguesa.

- **Que outros significados o vocábulo *FLORERO* apresenta?** Vaso ou qualquer outro recipiente de flor; pessoa amável e querida.

- **Como dizer "FLOREIRO ou FLORISTA" em espanhol?** *Florero.*

231. **Fogón**

- **O que realmente significa?** O vocábulo *FOGÓN*, na língua espanhola, tem valor polissêmico; ou seja, contempla mais de um significado. Dessa forma, significa **fogão**, mas possui outros significados. *FOGÓN* será considerada uma palavra heterossemântica quando contemplar outro sentido que não seja o mesmo da língua portuguesa (outro que não **fogão**).

- **Que outros significados o vocábulo *FOGÓN* apresenta?** boca do fogão; fogueira; chaminé; caldeiras dos motores a vapor, o local onde o combustível é queimado.

- **Como dizer "FOGÃO" em espanhol?** *Cocina, fogón, estufa.*

232. **Follar**

- **O que não quer dizer?** Folhear.

- **O que realmente significa?** Praticar o ato sexual.

- **Como dizer "FOLHEAR" em espanhol?** *Hojear, ojear.*

233. **Franja**

- **O que não quer dizer?** Franja (cabelo).

- **O que realmente significa?** Listra, trilho, faixa; franja (decorativa); faixa salarial, piso salarial.

- **Como dizer "FRANJA DE CABELO" em espanhol?** *Flequillo, cerquillo, fleco, capul.*

234. **Frente**

- **O que realmente significa?** O vocábulo *FRENTE*, na língua espanhola, tem valor polissêmico; ou seja, contempla mais de um significado. Dessa forma, não significa somente **frente, linha de frente ou vanguarda**. Ele será considerado uma palavra heterossemântica quando contemplar outro sentido que não seja o mesmo da língua portuguesa.

- **Que outros significados o vocábulo *FRENTE* apresenta?** Testa.

- **Como dizer "FRENTE" em espanhol?** *Frente.*

235. **Frigorífico**

- **O que não quer dizer?** Geladeira industrial; local onde se armazena carne; empresa de processamento de carne.

- **O que realmente significa?** Geladeira.

- **Como dizer "FRIGORÍFICO" em espanhol?** *Cámara frigorífica* (geladeira industrial); *carnicería* (empresa de processamento de carne).

236. **Funda**

- **O que não quer dizer?** Funda, estilingue, atiradeira, bodoque.

- **O que realmente significa?** Bainha; capa, revestimento, fronha; cobertura, sobrecapa de livro; porta-terno, porta-vestido; repartição; pano.

- **Como dizer "FUNDA" em espanhol?** *Honda, tirachinas, tiragomas, gomera, resortera, tirachinas.*

G

237. **Gajo**

- **O que realmente significa?** O vocábulo *GAJO*, na língua espanhola, tem valor polissêmico; ou seja, contempla mais de um significado. Dessa forma, significa **galho**, mas também possui outros significados. *GAJO* será considerado uma palavra heterossemântica quando contemplar outro sentido que não seja o mesmo da língua portuguesa.

- **Que outros significados o vocábulo *GAJO* apresenta?** Gomo, segmento, cacho.

- **Como dizer "GALHO" em espanhol?** *Rama, tallo, gajo.*

238. **Gamba**

- **O que não quer dizer?** Gambá (chamado de sariguê, saruê ou sarigueia na Bahia; mucura na Amazônia, timbu na Paraíba e em Pernambuco; cassaco no Ceará; micurê no Mato Grosso; taibu, tacaca e ticaca em São Paulo e Minas Gerais).

- **O que realmente significa?** Camarão.

- **Como dizer "GAMBÁ" em espanhol?** *Mofeta, zorrillo.*

239. **Ganancia**

- **O que não quer dizer?** Ambição desmedida.

- **O que realmente significa?** Proveito, vantagem, lucro, renda bruta, rendimento, reserva, enriquecimento.

- **Como dizer "GANÂNCIA" em espanhol?** *Codicia, avaricia, avidez, ambición.*

240. **Ganas**

- **O que não quer dizer?** Gana, aversão, ódio.

- **O que realmente significa?** Vontade, desejo, garra.

- **Como dizer "GANA" em espanhol?** *Aversión, hostilidad, fastidio.*

241. **Garfio**

- **O que não quer dizer?** Garfo.
- **O que realmente significa?** Gancho.
- **Como dizer "GARFO" em espanhol?** *Tenedor.*

242. **Garrafa**

- **O que não quer dizer?** Garrafa.
- **O que realmente significa?** Botijão de gás; garrafão; balde de gelo.
- **Como dizer "GARRAFA" em espanhol?** *Botella.*

243. **Gimnasio**

- **O que realmente significa?** O vocábulo *GIMNASIO*, na língua espanhola, tem valor polissêmico; ou seja, contempla mais de um significado. Dessa forma, significa **ginásio**, mas também possui outros significados. *GIMNASIO* será considerado uma palavra heterossemântica quando contemplar outro sentido que não seja o mesmo da língua portuguesa (outro que não **ginásio**).
- **Que outros significados o vocábulo *GIMNASIO* apresenta?** Academia de ginástica; spa; estádio coberto; colegial europeu.
- **Como dizer "GINÁSIO" em espanhol?** *Gimnasio.*

244. **Goma**

- **O que não quer dizer?** Goma; cola de amido para engomar roupas; substância pegajosa que se extrai de alguns vegetais.
- **O que realmente significa?** Borracha; preservativo; tira elástica.
- **Como dizer "GOMA" em espanhol?** *Almidón, resina.*

245. **Gorra**

- **O que não quer dizer?** Gorra, touca.
- **O que realmente significa?** Boné.
- **Como dizer "GORRA" em espanhol?** *Gorro.*

246. **Gozar**

- **O que não quer dizer?** Chegar ao orgasmo; debochar, caçoar, zombar.
- **O que realmente significa?** Desfrutar, aproveitar; festejar.
- **Como dizer "GOZAR (chegar ao orgasmo) e GOZAR (debochar)" em espanhol?** Eyacular, correrse; *acabar (para chegar ao orgasmo); burlarse, reírse, mofarse, cachondearse (para debochar, caçoar, zombar).*

247. **Gozada**

- **O que não quer dizer?** Ejaculada.
- **O que realmente significa?** Beleza, maravilha.
- **Como dizer "GOZADA" em espanhol?** Eyaculación; polución.

248. **Grasa**

- **O que não quer dizer?** Graça.
- **O que realmente significa?** Gordura, graxa, banha; lubrificante; brega, cafona.
- **Como dizer "GRAÇA" em espanhol?** *Gracia.*

249. **Grillado**

- **O que não quer dizer?** Grilado, preocupado.
- **O que realmente significa?** Excêntrico, louco.
- **Como dizer "GRILADO" em espanhol?** *Preocupado, inquieto, alarmado, abstraído, pensativo.*

250. **Guitarra**

- **O que realmente significa?** O vocábulo *GUITARRA*, na língua espanhola, tem valor polissêmico; ou seja, contempla mais de um significado. Dessa forma, significa **guitarra**, mas também possui outros significados. *GUITARRA* será considerada uma palavra heterossemântica quando contemplar outro sentido que não seja o mesmo da língua portuguesa (outro que não **guitarra**).
- **Qual o significado de *GUITARRA* além de "guitarra"?** Violão.
- **Como dizer "GUITARRA" em espanhol?** *Guitarra eléctrica.*

H

251. Halagar

- **O que não quer dizer?** Alagar.
- **O que realmente significa?** Lisonjear, agradar, mimar, bajular, adular, elogiar.
- **Como dizer "ALAGAR" em espanhol?** *Empapar, inundar.*

252. Halagado

- **O que não quer dizer?** Alagado.
- **O que realmente significa?** Lisonjeado, mimado, bajulado, elogiado, presenteado.
- **Como dizer "ALAGADO" em espanhol?** *Empapado, inundado.*

253. Hoy

- **O que não quer dizer?** Oi, olá.
- **O que realmente significa?** Hoje.
- **Como dizer "OI" em espanhol?** *Hola.*

I

254. Inodoro

- **O que realmente significa?** O vocábulo *INODORO,* na língua espanhola, tem valor polissêmico; ou seja, contempla mais de um significado. Dessa forma, significa **desprovido de odor; que não exala nem possui cheiro,** mas também possui outro significado. *INODORO* será considerado uma palavra heterossemântica quando contemplar outro sentido que não seja o mesmo da língua portuguesa (outro que não **desprovido de odor).**
- **Que outros significados o vocábulo *INODORO* apresenta?** Vaso sanitário, privada.
- **Como dizer "INODORO" em espanhol?** Inodoro; sin olor.

255. Interés

- **O que realmente significa?** O vocábulo *INTERÉS,* na língua espanhola, tem valor polissêmico; ou seja, contempla mais de um significado. Dessa forma, significa **interesse,** mas também possui outros significados. *INTERÉS* será considerada uma palavra heterossemântica quando contemplar outro sentido que não seja o mesmo da língua portuguesa (outro que não **interesse).**
- **Que outros significados o vocábulo *INTERÉS* apresenta?** Lucro, juros, ganhos; sociedade; participação; renda.
- **Como dizer "INTERESSE" em espanhol?** *Interés.*

256. Inversión

- **O que realmente significa?** O substantivo *INVERSIÓN,* na língua espanhola, tem valor polissêmico; ou seja, contempla mais de um significado. Dessa forma, significa **inversão,** mas também possui outro significado. *INVERSIÓN* será considerado uma palavra heterossemântica quando contemplar outro sentido que não seja o mesmo da língua portuguesa (outro que não **inversão).**
- **Que outros significados o vocábulo *INVERSIÓN* apresenta?** Investimento, aplicação.
- **Como dizer "INVERSÃO" em espanhol?** *Inversión, giro.*

257. **Invertir**

- **O que realmente significa?** O verbo *INVERTIR*, na língua espanhola, tem valor polissêmico; ou seja, contempla mais de um significado. Dessa forma, significa **inverter**, mas também possui outros significados. *INVERTIR* será considerada uma palavra heterossemântica quando contemplar outro sentido que não seja o mesmo da língua portuguesa (outro que não **inverter**).
- **Que outros significados o vocábulo *INVERTIR* apresenta?** Investir, aplicar; empregar; financiar.
- **Como dizer "INVERTER" em espanhol?** *Invertir, voltear.*

258. **Investigación**

- **O que realmente significa?** O vocábulo *INVESTIGACIÓN,* na língua espanhola, tem valor polissêmico; ou seja, contempla mais de um significado. Dessa forma, significa **investigação, sindicância ou inquérito**, mas também possui outros significados. *INVESTIGACIÓN* será considerado uma palavra heterossemântica quando contemplar outro sentido que não seja o mesmo da língua portuguesa (outro que não **investigação**).
- **Que outros significados o vocábulo *INVESTIGACIÓN* apresenta?** Pesquisa; estudo científico; estudo empírico.
- **Como dizer "INVESTIGAÇÃO" em espanhol?** *Investigación.*

259. **Investigar**

- **O que realmente significa?** O vocábulo *INVESTIGAR*, na língua espanhola, tem valor polissêmico; ou seja, contempla mais de um significado. Dessa forma, significa **investigar**, mas também possui outro significado. Ele será considerado uma palavra heterossemântica quando contemplar outro sentido que não seja o mesmo da língua portuguesa (outro que não **investigar**).
- **Que outro significado o vocábulo *INVESTIGAR* apresenta?** Pesquisar cientificamente, fazer parte de grupos de estudo e pesquisa.
- **Como dizer "INVESTIGAR" em espanhol?** *Investigar, evaluar.*

J

260. Jamón

- **O que não quer dizer?** Nome próprio masculino Ramón.
- **O que realmente significa?** Presunto.
- **Como dizer "Esse nome próprio que se confunde com jamón" em espanhol?** *Ramón.*

261. Jato

- **O que não quer dizer?** Jato.
- **O que realmente significa?** Bezerro.
- **Como dizer "JATO" em espanhol?** *Chorro, borbotón.*

262. Jornal

- **O que não quer dizer?** Jornal.
- **O que realmente significa?** Diária (dinheiro referente a um dia ou período trabalhado); medida de terra, de vários comprimentos, usada em diferentes províncias da Espanha.
- **Como dizer "JORNAL" em espanhol?** *Periódico, telediario, noticiario, noticioso, noticiero, gaceta, diário.*

263. Jornalero

- **O que não quer dizer?** Jornaleiro.
- **O que realmente significa?** Diarista; sertanejo; trabalhador braçal.
- **Como dizer "JORNALEIRO" em espanhol?** *Repartidor de periódicos, papelerito, canillita, vendedor de prensa, vendedor de periódicos, quiosquero.*

264. Judía

- **O que realmente significa?** O vocábulo *JUDÍA*, na língua espanhola, tem valor polissêmico; ou seja, contempla mais de um significado. Dessa forma, significa **judia**, mas também possui outros significados. *JUDÍA* será considerado uma palavra heterossemântica quando contemplar outro sentido que não seja o mesmo da língua portuguesa (outro que não **judia**).
- **Que outros significados o vocábulo *JUDÍA* apresenta?** Feijão; vagem. (depende da região)
- **Como dizer "JUDIA" em espanhol?** *Judía.*

265. Jubilado

- **O que não quer dizer?** Jubilado, expulso por não cumprir os requisitos.
- **O que realmente significa?** Aposentado; reformado.
- **Como dizer "JUBILADO" em espanhol?** *Afastado.*

266. Jugar

- **O que realmente significa?** O verbo *JUGAR*, na língua espanhola, tem valor polissêmico; ou seja, contempla mais de um significado. Dessa forma, significa **jogar**, mas também possui outros significados. Ele será considerado uma palavra heterossemântica quando contemplar outro sentido que não seja o mesmo da língua portuguesa (outro que não **jogar**).
- **Que outros significados o vocábulo *JUGAR* apresenta?** Brincar, apostar, divertir-se; apostar; participar; contar mentiras.
- **Como dizer "JOGAR" em espanhol?** *Jugar.*

267. Junta

- **O que não quer dizer?** Junta (assembleia); junta (articulação dos dedos).
- **O que realmente significa?** Reunião; encontro; diretoria; vedação, fechamento.
- **Como dizer "JUNTA (assembleia) e JUNTA (articulação dos dedos)" em espanhol?** *Reunión* (assembleia) e *nudillo* (articulação dos dedos).

L

268. La gente

- **O que não quer dizer?**   A gente, nós.
- **O que realmente significa?** As pessoas.
- **Como dizer "A GENTE" em espanhol?** *Uno, nosotros.*

269. Ladrillo

- **O que não quer dizer?** Ladrilho.
- **O que realmente significa?** Tijolo; algo chato, maçante.
- **Como dizer "LADRILHO" em espanhol?** *Baldosas, azulejos, cerámicos, tesela.*

270. Lapicero

- **O que realmente significado?** O substantivo *LAPICERO,* na língua espanhola, tem valor polissêmico; ou seja, contempla mais de um significado. Dessa forma, significa **lapiseira**, mas também possui outros significados. *LAPICERO* será considerado uma palavra heterossemântica quando contemplar outro sentido que não seja o mesmo da língua portuguesa (outro que não **lapiseira**).
- **Que outros significados o vocábulo *LAPICERO* apresenta?** Lápis; caneta (na América Central).
- **Como dizer "LAPISEIRA" em espanhol?** *Lapicero, portaminas.*

271. Largo

- **O que não quer dizer?**   Largo.
- **O que realmente significa?** Longo, extenso, comprido; prolongado, aumentado, distante; bastante tempo.
- **Como dizer "LARGO" em espanhol?** *Ancho.*

272. Latir

- **O que não quer dizer?** Latir (o que o cachorro faz).
- **O que realmente significa?** Pulsar, bater; funcionar.
- **Como dizer "LATIR" em espanhol?** *Ladrar.*

273. Lentes

- **O que realmente significa?** O vocábulo *LENTES,* na língua espanhola, tem valor polissêmico; ou seja, contempla mais de um significado. Dessa forma, significa **lente**, mas também possui outro significado. Ele será considerado uma palavra heterossemântica quando contemplar outro sentido que não seja o mesmo da língua portuguesa (outro que não **lente**).
- **Que outro significado o vocábulo *LENTES* apresenta?** Óculos.
- **Como dizer "LENTES" em espanhol?** *Lentilla, lente.*

274. Lentilla

- **O que não quer dizer?** Lentilha.
- **O que realmente significa?** Lentes de contato.
- **Como dizer "LENTILHA" em espanhol?** *Lenteja.*

275. Leyenda

- **O que realmente significa?** O substantivo *LEYENDA,* na língua espanhola, tem valor polissêmico; ou seja, contempla mais de um significado. Dessa forma, significa **legenda**, mas também possui outros significados. *LEYENDA* será considerada uma palavra heterossemântica quando contemplar outro sentido que não seja o mesmo da língua portuguesa (outro que não **legenda**).
- **Que outros significados o vocábulo *LEYENDA* apresenta?** Lenda; pessoa ou coisa altamente admirada e lembrada, apesar da passagem do tempo; leitura.
- **Como dizer "LEGENDA" em espanhol?** *Subtítulo, letrero.*

276. Lienzo

- **O que realmente significa?** O substantivo *LIENZO,* na língua espanhola, tem valor polissêmico; ou seja, contempla mais de um significado. Dessa forma, significa **lenço**, mas também possui outros significados. *LIENZO* será considerado uma palavra heterossemântica quando contemplar outro sentido que não seja o mesmo da língua portuguesa (outro que não **lenço**).

- Que outros significados o vocábulo *LIENZO* apresenta? Tela; quadro, pintura sobre tela; fachada de muro ou edifício.
- Como dizer "LENÇO" em espanhol? *Pañuelo, palestina, paliacate.*

277. Ligar

- **O que não quer dizer?** Ligar, fazer uma chamada telefônica.
- **O que realmente significa?** Unir, fundir; impulsionar alguém a cumprir, fazer algo; conseguir com que a pessoa faça algo em troca de favores; combinar uma jogada em equipe; atingir algum objetivo sem objeções aparentes; ser castigado; estabelecer uma conversa; engrossar (molho); ter relação sexual.
- **Como dizer "LIGAR / TELEFONAR" em espanhol?** *Llamar.*

278. Lista

- **O que realmente significa?** O vocábulo *LISTA*, na língua espanhola, tem valor polissêmico; ou seja, contempla mais de um significado. Dessa forma, significa **lista**, mas também possui outros significados. *LISTA* será considerada uma palavra heterossemântica quando contemplar outro sentido que não seja o mesmo da língua portuguesa (outro que não **lista**).
- **Que outros significados o vocábulo *LISTA* apresenta?** Chamada (nomes); classificação; chapa, partido eleitoral; listra; índice; pessoa astuta, sagaz, esperta; pessoa pronta.
- **Como dizer "LISTA" em espanhol?** *Lista, listado.*

279. Ligero

- **O que realmente significa?** O adjetivo *LIGERO*, na língua espanhola, tem valor polissêmico; ou seja, contempla mais de um significado. Dessa forma, significa **ligeiro, rápido ou veloz**, mas também possui outros significados. *LIGERO* será considerado uma palavra heterossemântica quando contemplar outro sentido que não seja o mesmo da língua portuguesa (outro que não **ligeiro**).
- **Que outros significados o vocábulo *LIGERO* apresenta?** Leve, sutil; agradável; inconstante.
- **Como dizer "LIGEIRO" em espanhol?** *Ligero, rápido, veloz.*

280. Lograr

- **O que não quer dizer?** Tirar proveito, aproveitar-se de alguém ou de uma situação.
- **O que realmente significa?** O verbo LOGRAR, na língua espanhola, tem valor polissêmico; ou seja, contempla mais de um significado. Dessa forma, significa **conseguir, alcançar algo muito almejado**, mas também possui outro significado. Ele será considerado uma palavra heterossemântica quando

contemplar outro sentido que não seja o mesmo da língua portuguesa (outro que não **conseguir algo muito almejado**).

- **Que outro significado o vocábulo *LOGRAR* apresenta?** Chegar à perfeição.
- **Como dizer "LOGRAR" em espanhol?** *Lograr, conseguir, alcanzar, obtener* (alcançar); *trapacear* (tirar proveito de alguém/uma situação).

281. **Logro**

- **O que não quer dizer?** Logro, ilusão, engano, decepção, farsa.
- **O que realmente significa?** Conquista, realização; vantagem, lucro.
- **Como dizer "LOGRO" em espanhol?** *Fraude, burla, falácia.*

282. **Luego**

- **O que não quer dizer?** Logo, rapidamente (advérbio de tempo).
- **O que realmente significa?** O vocábulo *LUEGO*, na língua espanhola, tem valor polissêmico; ou seja, contempla mais de um significado. Dessa forma, significa **portanto ou então**, mas também possui outros significados. *LUEGO* será considerada uma palavra heterossemântica quando contemplar outro sentido que não seja o mesmo da língua portuguesa (outro que não **portanto/então**).
- **Que outros significados o vocábulo *LUEGO* apresenta?** Depois, mais tarde; eventualmente.
- **Como dizer "LOGO" em espanhol?** *Pronto, presto.*

  Obs.: Somente em El Salvador se utiliza *LUEGO* no sentido de **Logo, rapidamente** (advérbio de tempo).

283. **Llamar**

- **O que realmente significa?** O verbo LLAMAR, na língua espanhola, tem valor polissêmico; ou seja, contempla mais de um significado. Dessa forma, significa **chamar**, mas também possui outros significados. Ele será considerado uma palavra heterossemântica quando contemplar outro sentido que não seja o mesmo da língua portuguesa (outro que não **chamar**).
- **Que outros significados o vocábulo *LLAMAR* apresenta?** Fazer uma ligação telefônica, telefonar; convocar; cantar (pássaros).
- **Como dizer "CHAMAR" em espanhol?** *Llamar.*

M

284. Maceta

- **O que não quer dizer?** Macete, truque.
- **O que realmente significa?** Vaso de flor, recipiente para plantas.
- **Como dizer "MACETE" em espanhol?** *Truco, trampa.*

285. Madre

- **O que não quer dizer?** Madre, irmã, freira.
- **O que realmente significa?** Mãe; figura materna.
- **Como dizer "MADRE, IRMÃ, FREIRA" em espanhol?** *Madre superiora, superiora.*

286. Mala

- **O que não quer dizer?** Mala, bagagem.
- **O que realmente significa?** Má, vilã, pessoa ruim.
- **Como dizer "MALA" em espanhol?** *Valija, maleta, velís, veliz, petaca.*

287. Manejar

- **O que realmente significa?** O verbo *MANEJAR,* na língua espanhola, tem valor polissêmico; ou seja, contempla mais de um significado. Dessa forma, significa **manusear ou saber o que fazer**, mas também possui outros significados. *MANEJAR* será considerado uma palavra heterossemântica quando contemplar outro sentido que não seja o mesmo da língua portuguesa (outro que não **manusear**).
- **Que outros significados o vocábulo *MANEJAR* apresenta?** Dirigir; controlar; guiar cavalos; lidar com algo ou alguém.
- **Como dizer "MANEJAR" em espanhol?** *Ingeniar, operar; encargarse, guarnecer, manejar.*

288. **Mangar**

- **O que não quer dizer?** Caçoar, debochar, zombar, caçoar.
- **O que realmente significa?** Conectar; pedir, implorar; furtar; roubar, saquear; pedir dinheiro emprestado.
- **Como dizer "MANGAR" em espanhol?** *Cachondearse, burlar, boludear.*

289. **Mañoso**

- **O que não quer dizer?** Manhoso, chorão, birrento.
- **O que realmente significa?** Habilidoso; exigente com a comida. Em São Salvador, República Dominicana e Nicarágua significa ladrão. No Perú, pessoa safada, obsena.
- **Como dizer "MANHOSO, BIRRENTO" em espanhol?** *Berrinche, pataleta, rabieta, pataleta.*

290. **Marear**

- **O que não quer dizer?** Oxidar; difamar; desacreditar.
- **O que realmente significa?** Dirigir uma embarcação, marinhar; ficar tonto; enjoar; deixar o vinho estragar; incomodar.
- **Como dizer "OXIDAR; DIFAMAR; DESACREDITAR" em espanhol?** *Oxidarse, herrumbrarse, incrustarse; enguarrar, encochinar, ensuciar, difamar, mancillar, calumniar, denigrar; impugnar, desacreditar, acusar de prevaricación.*

291. **Marmita**

- **O que não quer dizer?** Marmita.
- **O que realmente significa?** Panela grande; caldeirão.
- **Como dizer "MARMITA" em espanhol?** *Comida para llevar.*

292. **Medias**

- **O que não quer dizer?** Meia.
- **O que realmente significa?** Meia-calça.
- **Como dizer "MEIAS" em espanhol?** *Calcetines* (meias).

> **Obs.:** *Medias* também pode significar **meia**, mas é pouco usual.

293. Menino

- **O que não quer dizer?** Menino, garoto.
- **O que realmente significa?** Criança que antigamente servia a realeza.
- **Como dizer "MENINO" em espanhol?** *Niño, chico, pibe, chaval, chamaco, chiquillo, pibito, chiquito, chiquillo.*

294. Minino

- **O que não quer dizer?** Menino, garoto.
- **O que realmente significa?** Gatinho, filhote de gato.
- **Como dizer "MENINO" em espanhol?** *Niño, chico, pibe, chaval, chamaco, chiquillo, pibito, chiquito, chiquillo.*

295. Mirar

- **O que não quer dizer?** Mirar.
- **O que realmente significa?** Olhar, ver.
- **Como dizer "MIRAR" em espanhol?** *Apuntar.*

296. Mofar

- **O que não quer dizer?** Mofar.
- **O que realmente significa?** Zombar, caçoar.
- **Como dizer "MOFAR" em espanhol?** *Descomponerse, pudrirse, marchitarse.*

297. Morado

- **O que não quer dizer?** Morado ou vivido em algum lugar.
- **O que realmente significa?** Roxo.
- **Como dizer "MORADO" em espanhol?** *Vivido.*

298. Motorista

- **O que não quer dizer?** Motorista.
- **O que realmente significa?** Motociclista; ciclista.
- **Como dizer "MOTORISTA" em espanhol?** *Conductor, chofer.*

299. Móvil

- **O que não quer dizer?** Mobiliário, móvel de algum lugar.
- **O que realmente significa?** Telefone celular; algo que é instável; algo que pode se mover.
- **Como dizer "MOBILIÁRIO" em espanhol?** *Muebles.*

300. Mozo

- **O que não quer dizer?** Rapaz, moço.
- **O que realmente significa?** Garçom, atendente; faz tudo.
- **Como dizer "MOÇO" em espanhol?** *Muchacho, chavo.*

301. Muela

- **O que não quer dizer?** Moela.
- **O que realmente significa?** Dente molar, dente siso; afiador; colina.
- **Como dizer "MOELA" em espanhol?** *Molleja.*

302. Muñeca

- **O que realmente significa?** O vocábulo *MUÑECA,* na língua espanhola, tem valor polissêmico; ou seja, contempla mais de um significado. Dessa forma, significa **munheca, pulso ou punho**, mas também possui outros significados. *MUÑECA* será considerada uma palavra heterossemântica quando contemplar outro sentido que não seja o mesmo da língua portuguesa (outro que não **munheca**).
- **Que outros significados o vocábulo *MUÑECA* apresenta?** Boneca; oportunista, interesseira; pessoa atraente; pessoa irresponsável e inconsequente.
- **Como dizer "MUNHECA, PULSO ou PUNHO" em espanhol?** *Muñeca.*

303. Muñeco

- **O que não quer dizer?** Munheco, seguro, pego.
- **O que realmente significa?** Boneco, fantoche, manequim.
- **Como dizer "MUNHECO" em espanhol?** *Agarro, tomo.*

N

304. Nadie

- **O que não quer dizer?** Nada.
- **O que realmente significa?** Ninguém.
- **Como dizer "NADA" em espanhol?** *Nada, cosa ninguna.*

305. Neto

- **O que não quer dizer?** Neto.
- **O que realmente significa?** Limpo, puro, claro e bem definido; valor líquido, valor total; valor de tabela; pedestal.
- **Como dizer "NETO" em espanhol?** *Nieto.*

306. Nevera

- **O que não quer dizer?** Nevoeiro.
- **O que realmente significa?** Geladeira; refrigerador.
- **Como dizer "NEVOEIRO" em espanhol?** *Niebla.*

307. Niño

- **O que não quer dizer?** Ninho.
- **O que realmente significa?** Menino, criança.
- **Como dizer "NINHO" em espanhol?** *Nido.*

308. Novio

- **O que não quer dizer?** Noivo.
- **O que realmente significa?** Namorado.
- **Como dizer "NOIVO" em espanhol?** *Prometido.*

309. Oficina

- O que não quer dizer? Oficina.
- O que realmente significa? Escritório; repartição, seção; filial; sucursal; gabinete de um juiz; laboratório.
- Como dizer "OFICINA" em espanhol? *Taller.*

310. Ola

- O que não quer dizer? Olá.
- O que realmente significa? Onda; surto; explosão; disparada, aumento.
- Como dizer "OLÁ" em espanhol? *Hola.*

311. Olla

- O que não quer dizer? Olá.
- O que realmente significa? Panela; cabeça humana.
- Como dizer "OLÁ" em espanhol? *Hola.*

312. Oleado

- O que não quer dizer? Olhado.
- O que realmente significa? Ondulado.
- Como dizer "OLHADO" em espanhol? *Mirado.*

313. Ordenador

- O que não quer dizer? Organizador.
- O que realmente significa? Computador; área de trabalho; que ordena, que dá ordens.
- Como dizer "ORGANIZADOR" em espanhol? *Organizador, promotor.*

314. Oso

- **O que não quer dizer?** Osso.
- **O que realmente significa?** Urso.
- **Como dizer "OSSO" em espanhol?** *Hueso.*

315. **Padre**

- **O que não quer dizer?** Padre da igreja, sacerdote.

- **O que realmente significa?** Pai.

- **Como dizer "PADRE" em espanhol?** *Cura.*

316. **Pago**

- **O que realmente significa?** O vocábulo *PAGO,* na língua espanhola, tem valor polissêmico; ou seja, contempla mais de um significado. Dessa forma, significa **pago, quitado ou remunerado**, mas também possui outros significados. *PAGO* será considerado uma palavra heterossemântica quando contemplar outro sentido que não seja o mesmo da língua portuguesa (outro que não **pago**).

- **Que outros significados o vocábulo *PAGO* apresenta?** Pagamento, reembolso, custeio, despesa; satisfação, prêmio ou recompensa; acordo, resgate; local específico de terras especialmente de vinhas ou de olivais; pequena cidade ou vila, lugar em que uma pessoa nasceu ou está enraizada

- **Como dizer "PAGO" em espanhol?** *Pago.*

317. **Palco**

- **O que não quer dizer?** Palco.

- **O que realmente significa?** Camarote; assento em teatro de arena; varanda; galeria; gazebo.

- **Como dizer "PALCO" em espanhol?** *Escenario.*

318. **Pantalla**

- **O que realmente significa?** O vocábulo *PANTALLA*, na língua espanhola, tem valor polissêmico; ou seja, contempla mais de um significado. Dessa forma, significa **pantalha, cúpula, parte que quebra-luz de luminárias e abajures**, mas também possui outro significado. Ele será considerado uma palavra heterossemântica quando contemplar outro sentido que não seja o mesmo da língua portuguesa (outro que não **pantalha**).

- **Que outro significado o vocábulo *PANTALLA* apresenta?** Tela.

- **Como dizer "PANTALHA" em espanhol?** *Pantalla.*

319. **Papa**

- **O que realmente significa?** O vocábulo *PAPA,* na língua espanhola, tem valor polissêmico; ou seja, contempla mais de um significado. Dessa forma, significa o **maior representante da igreja católica ou alimento pastoso**. Ele será considerado uma palavra heterossemântica quando contemplar outro sentido que não seja o mesmo da língua portuguesa (outro que não o **Papa** ou **alimento pastoso**).

- **Que outros significados o vocábulo *PAPA* apresenta?** Batata; forma carinhosa de chamar pai (papai); sopa leve; algo muito fácil, algo que seja "barbada";

- **Como dizer "PAPA (igreja) e PAPA (alimento)" em espanhol?** *Papa* (igreja); *papa* ou *papila* (alimento).

320. **Paro**

- **O que realmente significa?** O vocábulo *PARO,* na língua espanhola, tem valor polissêmico; ou seja, contempla mais de um significado. Dessa forma, não significa somente **o verbo "parar"** conjugado em **primeira pessoa do singular: *YO PARO* (eu paro)**, mas também possui outros significados. Ele será considerado uma palavra heterossemântica quando contemplar outro sentido que não seja o mesmo da língua portuguesa (outro que não do verbo **parar**).

- **Que outros significados o vocábulo *PARO* apresenta?** Parada; desemprego; greve; paralização.

- **Como dizer "PARO" em espanhol?** *Paro.*

321. **Pasta**

- **O que não quer dizer?** Utensílio retangular de plástico, papelão ou couro ou outro tecido utilizado para guardar e transportar documentos, folhas, livros e outros objetos.

- **O que realmente significa?** O vocábulo *PASTA*, na língua espanhola, tem valor polissêmico; ou seja, contempla mais de um significado. Dessa forma, significa **pasta de dentes ou de outro material pastoso**, mas também possui outros significados. *PASTA* será considerada uma palavra heterossemântica quando contemplar outro sentido que não seja o mesmo da língua portuguesa (outro que não **pasta de material pastoso**).

- **Que outros significados o vocábulo *PASTA* apresenta?** Massa (macarrão, canelone, espagueti, etc.); capa de livro; dinheiro, grana.
- **Como dizer "PASTA (material pastoso) ou PASTA (de guardar e transportar coisas)" em espanhol?** *Pasta* (material pastoso), *carpeta* (de guardar e transportar folhas, documentos), *maletín* (de guardar e transportar documentos, livros e outros pertences).

322. Pasto

- **O que não quer dizer?** Pasto.
- **O que realmente significa?** Grama, gramado.
- **Como dizer "PASTO" em espanhol?** *Pastura, dehesa, pradera, pastizal, zacatal, pastoreo, agostadero.*

323. Pastel

- **O que não quer dizer?** Pastel.
- **O que realmente significa?** Bolo, torta.
- **Como dizer "PASTEL" em espanhol?** *Empanada.*

324. Pastilla

- **O que realmente significa?** O vocábulo *PASTILLA,* na língua espanhola, tem valor polissêmico; ou seja, contempla mais de um significado. Dessa forma, significa **pastilha, comprimido ou pílula**, mas também possui outros significados. *PASTILLA* será considerado uma palavra heterossemântica quando contemplar outro sentido que não seja o mesmo da língua portuguesa (outro que não **pastilha**).
- **Que outros significados o vocábulo *PASTILLA* apresenta?** Pedaço ou barra (de sabão); tablete (de chocolate).
- **Como dizer "PASTILHA, COMPRIMIDO ou PÍLULA" em espanhol?** *Pastilla, comprimido, tableta, píldora.*

325. Pegamento

- **O que não quer dizer?** Grudento, pegajoso.
- **O que realmente significa?** Cola, adesivo, argamassa, cimento.
- **Como dizer "GRUDENTO ou PEGAJOSO" em espanhol?** *Pringoso, pegajoso, sudado, sudoroso.*

326. **Pegar**

- **O que não quer dizer?** Pegar.
- **O que realmente significa?** Colar, selar, lacrar; cimentar; encostar; bater, açoitar; cutucar; soltar; combinar.
- **Como dizer "PEGAR" em espanhol?** *Coger, tomar, agarrar.*

327. **Pelado**

- **O que não quer dizer?** Nu.
- **O que realmente significa?** Careca, calvo; devastado; pobre, sem dinheiro; descascado; vazio, desmobiliado; desabitado.
- **Como dizer "PELADO" em espanhol?** *Desnudo, desvestido, sin ropa.*

328. **Pelar**

- **O que não quer dizer?** Tirar a roupa.
- **O que realmente significa?** Perder cabelo; tosar; depenar, esfolar; descascar; remover.
- **Como dizer "PELAR" em espanhol?** *Desnudar, desvestir.*

329. **Pelarse**

- **O que não quer dizer?** Tirar a roupa.
- **O que realmente significa?** Descascar; fugir; matar aula.
- **Como dizer "PELAR-SE" em espanhol?** *Desnudarse, desvestirse.*

330. **Película**

- **O que realmente significa?** O vocábulo *PELÍCULA*, na língua espanhola, tem valor polissêmico; ou seja, contempla mais de um significado. Dessa forma, significa **película, membrana, pele muito fina**, mas também possui outros significados. Ele será considerado uma palavra heterossemântica quando contemplar outro sentido que não seja o mesmo da língua portuguesa (outro que não **película**).
- **Que outros significados o vocábulo *PELÍCULA* apresenta?** Filme, vídeo; camada, casca; conversa fiada, lábia.
- **Como dizer "PELÍCULA, MEMBRANA ou PELE MUITO FINA" em espanhol?** *Película.*

331. Pelo

- **O que realmente significa?** O vocábulo *PELO*, na língua espanhola, tem valor polissêmico; ou seja, contempla mais de um significado. Dessa forma, significa **pelo**, mas também possui outros significados. Ele será considerado uma palavra heterossemântica quando contemplar outro sentido que não seja o mesmo da língua portuguesa (outro que não **pelo**).
- **Que outros significados o vocábulo *PELO* apresenta?** Cabelo; fio; felpa, farpa.
- **Como dizer "PELO" em espanhol?** *Pelo.*

332. Periódico

- **O que realmente significa?** O vocábulo *PERIÓDICO,* na língua espanhola, tem valor polissêmico; ou seja, contempla mais de um significado. Dessa forma, significa **periódico, regular, cíclico ou recorrente**, mas também possui outro significado. Ele será considerado uma palavra heterossemântica quando contemplar outro sentido que não seja o mesmo da língua portuguesa (outro que não **algo regular**).
- **Que outro significado o vocábulo *PERIÓDICO* apresenta?** Jornal.
- **Como dizer "PERIÓDICO" em espanhol?** *Periódico, regular, cíclico, recurrente.*

333. Perjuicio

- **O que realmente significa?** O vocábulo *PERJUICIO,* na língua espanhola, tem valor polissêmico; ou seja, contempla mais de um significado. Dessa forma, significa **prejuízo,** mas também possui outros significados. *PERJUICIO* será considerado uma palavra heterossemântica quando contemplar outro sentido que não seja o mesmo da língua portuguesa.
- **Que outros significados o vocábulo *PERJUICIO* apresenta?** Desserviço, dano, desgosto, mágoa.
- **Como dizer "PREJUÍZO" em espanhol?** *Perjuicio.*

334. Pendiente

- **O que realmente significa?** O vocábulo *PENDIENTE,* na língua espanhola, tem valor polissêmico; ou seja, contempla mais de um significado. Dessa forma, significa **pendente**, mas também possui outros significados. *PENDIENTE* será considerado uma palavra heterossemântica quando contemplar outro sentido que não seja o mesmo da língua portuguesa (outro que não **pendente**).
- **Que outros significados o vocábulo *PENDIENTE* apresenta?** Brinco; diagonal, inclinação, declive; rampa, ladeira.
- **Como dizer "PENDENTE" em espanhol?** *Pendiente.*

335. Pera

- **O que realmente significa?** O vocábulo *PERA,* na língua espanhola, tem valor polissêmico; ou seja, contempla mais de um significado. Dessa forma, significa **pera (fruta)**, mas também possui outros significados. *PERA* será considerado uma palavra heterossemântica quando contemplar outro sentido que não seja o mesmo da língua portuguesa (outro que não **pera – fruta**).

- **Que outros significados o vocábulo *PERA* apresenta?** Queixo; cavanhaque.

- **Como dizer "PERA (fruta)" em espanhol?** *Pera.*

336. Pescado

- **O que realmente significa?** O vocábulo *PESCADO,* na língua espanhola, tem valor polissêmico; ou seja, contempla mais de um significado. Dessa forma, significa **pescado ou que se pescou**, mas também possui outro significado. *PESCADO* será considerado uma palavra heterossemântica quando contemplar outro sentido que não seja o mesmo da língua portuguesa.

- **Que outros significados o vocábulo *PESCADO* apresenta?** Peixe.

- **Como dizer "PESCADO" em espanhol?** *Pescado.*

337. Pimpollo

- **O que não quer dizer?** Garoto, menino.

- **O que realmente significa?** Botão de rosa; pinheiro jovem; broto de planta.

- **Como dizer "PIMPOLHO, GAROTO, MENINO" em espanhol?** *Niño, chico, pibe, chaval, chamaco, chiquillo, pibito, chiquito, chiquillo.*

338. Pinza

- **O que realmente significa?** O vocábulo *PINZA,* na língua espanhola, tem valor polissêmico; ou seja, contempla mais de um significado. Dessa forma, significa **pinça**, mas também possui outros significados. Ele será considerado uma palavra heterossemântica quando contemplar outro sentido que não seja o mesmo da língua portuguesa (outro que não **pinça**).

- **Que outros significados o vocábulo *PINZA* apresenta?** Pregador; alicate; presilha de cabelo; grampo; gancho.

- **Como dizer "PINÇA" em espanhol?** *Pinza, tenacillas, pincita, engaste, unión, rizador.*

339. Pinzar

- **O que realmente significa?** O verbo *PINZAR*, na língua espanhola, tem valor polissêmico; ou seja, contempla mais de um significado. Dessa forma, significa **pinçar**, mas também possui outro significado. *PINZAR* será considerada uma palavra heterossemântica quando contemplar outro sentido que não seja o mesmo da língua portuguesa (outro que não **pinçar**).
- **Que outros significados o vocábulo *PINZAR* apresenta?** Cortar, podar.
- **Como dizer "PINÇAR" em espanhol?** *Pinzar.*

340. Pipa

- **O que não quer dizer?** Pipa.
- **O que realmente significa?** Cachimbo; revólver; semente de girassol; quantidade de tabaco que se coloca no cachimbo para fumar.
- **Como dizer "PIPA" em espanhol?** *Cometa.*

341. Pirarse

- **O que não quer dizer?** Ficar louco, pirar.
- **O que realmente significa?** Fugir, sair correndo, vazar, "dar no pé".
- **Como dizer "PIRAR" em espanhol?** *Chiflarse, chalarse, ponerse loco.*

342. Pizcar

- **O que não quer dizer?** Piscar (olhos).
- **O que realmente significa?** Beliscar.
- **Como dizer "PISCAR" em espanhol?** *Guiñar, parpadear, pestanear.*

343. Pito

- **O que não quer dizer?** Pitada; silêncio ou segredo (fechar o pito); bronca.
- **O que realmente significa?** Apito, buzina; vaia; voz estridente; estalo (com os dedos); forma popular e amena de chamar o órgão genital masculino; cigarro.
- **Como dizer "PITO" em espanhol?** *Pizca, poquito (para pitada); guardar un secreto, callarse (para fechar o pito); reprimenda, regañina, regaño (para bronca).*

344. Pizarra

- **O que não quer dizer?** Bizarra.
- **O que realmente significa?** Lousa, quadro.
- **Como dizer "BIZARRA" em espanhol?** *Extraña, rara, estrambótica, estrafalaria, peculiar.*

345. Plancha

- **O que realmente significa?** O vocábulo *PLANCHA,* na língua espanhola, tem valor polissêmico; ou seja, contempla mais de um significado. Dessa forma, significa **prancha**, mas também possui outros significados. *PLANCHA* será considerado uma palavra heterossemântica quando contemplar outro sentido que não seja o mesmo da língua portuguesa (outro que não **prancha**).
- **Que outros significados o vocábulo *PLANCHA* apresenta?** Ferro de passar roupa; lâmina, chapa de metal; frigideira.
- **Como dizer "PRANCHA" em espanhol?** *Plancha, tabla.*

346. Platicar

- **O que não quer dizer?** Praticar.
- **O que realmente significa?** Conversar, dialogar, bater papo.
- **Como dizer "PRATICAR" em espanhol?** Practicar.

347. Poltrona

- **O que não quer dizer?** Poltrona.
- **O que realmente significa?** Pessoa preguiçosa que não gosta de trabalhar.
- **Como dizer "POLTRONA" em espanhol?** *Poltrón.*

348. Polvo

- **O que não quer dizer?** Polvo.
- **O que realmente significa?** Pó, poeira; maneira vulgar de nomear a relação sexual, foda, rapidinha, trepada.
- **Como dizer "POLVO" em espanhol?** *Pulpo.*

349. **Postar**

- **O que não quer dizer?** Postar algo nas redes sociais; fazer upload.
- **O que realmente significa?** Apostar.
- **Como dizer "Postar algo nas redes sociais" em espanhol?** *Publicar, subir, colgar.*

350. **Prejuicio**

- **O que não quer dizer?** Prejuízo.
- **O que realmente significa?** Discriminação, preconceito; tendência a ver apenas um lado.
- **Como dizer "PREJUÍZO" em espanhol?** *Perjuicio, pérdida fiscal, pérdida financiera; daño.*

351. **Prenda**

- **O que não quer dizer?** Prêmio, brinde.
- **O que realmente significa?** Vestimenta; garantia, prova.
- **Como dizer "PRENDA" em espanhol?** *Brindis, regalo, cortesia.*

352. **Prender**

- **O que não quer dizer?** Prender.
- **O que realmente significa?** Ligar, acender; abotoar; iniciar; virar moda; fazer fogo; incendiar, inflamar.
- **Como dizer "PRENDER" em espanhol?** *Coger, unir, amarrar.*

353. **Prendido**

- **O que não quer dizer?** Preso.
- **O que realmente significa?** Ligado, aceso; entusiasmado, animado; rápido; doido.
- **Como dizer "PRESO" em espanhol?** *Atascado, atorado; detenido, capturado, arrestado.*

354. **Prensa**

- **O que realmente significa?** O vocábulo *PRENSA,* na língua espanhola, tem valor polissêmico; ou seja, contempla mais de um significado. Dessa forma, significa **prensa**, mas também possui outro significado. *PRENSA* será considerada uma palavra heterossemântica quando contemplar outro sentido que não seja o mesmo da língua portuguesa.
- **Que outros significados o vocábulo *PRENSA* apresenta?** Imprensa.
- **Como dizer "PRENSA" em espanhol?** *Prensa, tensor, exprimidor.*

355. Presupuesto

- **O que realmente significa?** O vocábulo *PRESUPUESTO,* na língua espanhola, tem valor polissêmico; ou seja, contempla mais de um significado. Dessa forma, significa **pressuposto, suposição, propósito,** mas também possui outro significado. *PRESUPUESTO* será considerado uma palavra heterossemântica quando contemplar outro sentido que não seja o mesmo da língua portuguesa (outro que não **pressuposto**).
- **Que outro significado o vocábulo *PRESUPUESTO* apresenta?** Orçamento, estimativa de custo, cotação.
- **Como dizer "PRESSUPOSTO" em espanhol?** *Presupuesto, premissa, hipótesis.*

356. Presunto

- **O que não quer dizer?** Presunto (comida); presunto (pessoa morta).
- **O que realmente significa?** Suposto, alegado, presumido; suspeito; considerado.
- **Como dizer "PRESUNTO" em espanhol?** *Jamón, fiambre* (comida); *muerto, fiambre* (pessoa morta).

357. Prójimo

- **O que não quer dizer?** Próximo, seguinte; perto.
- **O que realmente significa?** Semelhante, parecido; individuo qualquer; cônjuge.
- **Como dizer "PRÓXIMO" em espanhol?** *Próximo, siguiente; cercano.*

358. Prolijo

- **O que realmente significa?** O vocábulo *PROLIJO,* na língua espanhola, tem valor polissêmico; ou seja, contempla mais de um significado. Dessa forma, significa **prolixo, eloquente, cansativo, demorado,** mas também possui outros significados. Ele será considerado uma palavra heterossemântica quando contemplar outro sentido que não seja o mesmo da língua portuguesa (outro que não **prolixo**).
- **Que outros significados o vocábulo *PROLIJO* apresenta?** Caprichoso, arrumado, limpo, organizado.
- **Como dizer "PROLIXO" em espanhol?** *Prolijo, locuaz, verborrágico.*

359. Pronto

- **O que não quer dizer?** Pronto, preparado; acabado, terminado.
- **O que realmente significa?** Logo, cedo, em breve, em um futuro próximo.
- **Como dizer "PRONTO" em espanhol?** *Listo, preparado, dispuesto; ya hecho, terminado, acabado.*

360. **Propina**

- **O que não quer dizer?** Propina, suborno.

- **O que realmente significa?** Gorjeta.

- **Como dizer "PROPINA" em espanhol?** *Soborno, mordida, coima.*

361. **Próximo**

- **O que realmente significa?** O vocábulo *PRÓXIMO,* na língua espanhola, tem valor polissêmico; ou seja, contempla mais de um significado. Dessa forma, significa **próximo, seguinte,** mas também possui outros significados. *PRÓXIMO* será considerado uma palavra heterossemântica quando contemplar outro sentido que não seja o mesmo da língua portuguesa (outro que não **próximo, seguinte**).

- **Que outros significados o vocábulo *PRÓXIMO* apresenta?** Aproximado, que se aproxima; vindouro; chegado, íntimo.

- **Como dizer "PRÓXIMO" em espanhol?** *Próximo.*

362. **Quilombo**

- **O que realmente significa?** O vocábulo *QUILOMBO*, na língua espanhola, tem valor polissêmico; ou seja, contempla mais de um significado. Dessa forma, significa **quilombo, lugar secreto em que ficavam ou para onde iam os escravos fugidos,** mas também possui outros significados. *QUILOMBO* será considerado uma palavra heterossemântica quando contemplar outro sentido que não seja o mesmo da língua portuguesa.
- **Que outros significados o vocábulo *QUILOMBO* apresenta?** Bagunça, confusão, desordem; palhaçada, circo (figurado); droga, porcaria; cabana.
- **Como dizer "QUILOMBO" em espanhol?** *Quilombo.*

363. **Quitar**

- **O que não quer dizer?** Pagar, quitar uma dívida.
- **O que realmente significa?** Tirar, remover, eliminar; limpar; apreender, tomar algo de alguém; suspender.
- **Como dizer "Quitar uma dívida" em espanhol?** *Cancelar una deuda.*

364. Rango

- **O que não quer dizer?** Rango, boia, comida.
- **O que realmente significa?** Classe, nível, categoria; desinteresse, desapego; fila indiana escolar.
- **Como dizer "RANGO" em espanhol?** *Papeo, moncha, manduca, víveres, comida, pipirín.*

365. Raro

- **O que realmente significa?** O vocábulo *RARO*, na língua espanhola, tem valor polissêmico; ou seja, contempla mais de um significado. Dessa forma, significa **raro, singular, único, escasso**, mas também possui outros significados. *RARO* será considerado uma palavra heterossemântica quando contemplar outro sentido que não seja o mesmo da língua portuguesa.
- **Que outros significados o vocábulo *RARO* apresenta?** Esquisito, bizarro, estranho; anômalo, irregular; excêntrico.
- **Como dizer "RARO" em espanhol?** *Raro; escasso; excepcional.*

366. Rasgar

- **O que realmente significa?** O verbo *RASGAR*, na língua espanhola, tem valor polissêmico; ou seja, contempla mais de um significado. Dessa forma, significa **rasgar**, mas também possui outros significados. *RASGAR* será considerado uma palavra heterossemântica quando contemplar outro sentido que não seja o mesmo da língua portuguesa.
- **Que outros significados o vocábulo *RASGAR* apresenta?** Estourar; despedaçar, picar; dedilhar, tocar (instrumento de cordas).
- **Como dizer "RASGAR" em espanhol?** *Rasgar, romper, desgarrar.*

367. **Rasgo**

- **O que não quer dizer?** Rasgo.
- **O que realmente significa?** Traço, característica.
- **Como dizer "RASGO" em espanhol?** *Rasgadura, rotura, desgarre, desgarrón, agujero.*

368. **Rato**

- **O que realmente significa?** O vocábulo *RATO*, na língua espanhola, tem valor polissêmico; ou seja, contempla mais de um significado. Dessa forma, significa **rato, mamífero roedor**, embora praticamente nunca seja utilizado nesse sentido. O substantivo *RATO* possui outro significado, muito mais conhecido e utilizado. Ele será considerado uma palavra heterossemântica quando contemplar outro sentido que não seja o mesmo da língua portuguesa (outro que não **rato - animal**).
- **Que outros significados o vocábulo *RATO* apresenta?** Tempo, momento, um pouco, período de tempo, intervalo.
- **Como dizer "RATO" em espanhol?** *Ratón, rato* (raramente usado).

> **Obs.:** Embora praticamente nunca usado, *RATO* também pode ser um mamífero roedor pelo dicionário da *Real Academia Española*.

369. **Ratón**

- **O que não quer dizer?** Ratão, rato gigante; distraído.
- **O que realmente significa?** Rato (animal); mouse do computador.
- **Como dizer "RATÃO (rato gigante) e RATÃO (distraído)" em espanhol?** *Ratón grande; despistado, atolondrado.*

370. **Recepción**

- **O que realmente significa?** O vocábulo *RECEPCIÓN*, na língua espanhola, tem valor polissêmico; ou seja, contempla mais de um significado. Dessa forma, significa **recepção, boas vindas; portaria ou guarita**, mas também possui outros significados. *RECEPCIÓN* será considerada uma palavra heterossemântica quando contemplar outro sentido que não seja o mesmo da língua portuguesa.
- **Que outros significados o vocábulo *RECEPCIÓN* apresenta?** Recebimento; admissão a um emprego, comércio ou sociedade; conversão de sinais elétricos ou eletromagnéticos em sons ou imagens.
- **Como dizer "RECEPÇÃO" em espanhol?** *Recepción, sintonia, bienvenida.*

371. Refresco

- **O que não quer dizer?** Refresco, alívio.
- **O que realmente significa?** Refrigerante, bebida refrescante, bebida gelada.
- **Como dizer "REFRESCO" em espanhol?** *Alivio, consuelo.*

372. Restar

- **O que realmente significa?** O vocábulo *RESTAR,* na língua espanhola, tem valor polissêmico; ou seja, contempla mais de um significado. Dessa forma, significa **restar**, mas também possui outros significados. *RESTAR* será considerado uma palavra heterossemântica quando contemplar outro sentido que não seja o mesmo da língua portuguesa.
- **Que outros significados o vocábulo *RESTAR* apresenta?** Subtrair, diminuir; deduzir; faltar.
- **Como dizer "RESTAR" em espanhol?** *Restar, quedar, sobrar, faltar.*

373. Rico

- **O que realmente significa?** O vocábulo *RICO,* na língua espanhola, tem valor polissêmico; ou seja, contempla mais de um significado. Dessa forma, significa **rico (riqueza), abastado, luxuoso ou fértil (solo),** mas também possui outros significados. *RICO* será considerada uma palavra heterossemântica quando contemplar outro sentido que não seja o mesmo da língua portuguesa (outro que não **rico – riqueza).**
- **Que outros significados o vocábulo *RICO* apresenta?** Brilhante; gostoso, saboroso; muito bom, incrível; abundante, intenso.
- **Como dizer "RICO" em espanhol?** *Rico, adinerado, acaudalado.*

374. Rienda

- **O que não quer dizer?** Renda (financeira); renda (tecido).
- **O que realmente significa?** Rédea, buçal de corda.
- **Como dizer "RENDA" em espanhol?** *Renta, ingreso, salario, sueldo, beneficio, ganancia, utilidad, interés* (para finanças); *encaje* (para tecido).

375. Reto

- **O que não quer dizer?** Reto.
- **O que realmente significa?** Desafio.
- **Como dizer "RETO" em espanhol?** *Recto.*

376. **Recto**

- **O que realmente significa?** O vocábulo *RECTO,* na língua espanhola, tem valor polissêmico; ou seja, contempla mais de um significado. Dessa forma, significa **reto, não curvo,** mas também possui outros significados. *RECTO* será considerado uma palavra heterossemântica quando contemplar outro sentido que não seja o mesmo da língua portuguesa (outro que não **reto**).

- **Que outros significados o vocábulo *RECTO* apresenta?** Justo, correto, íntegro, honesto, honrado, confiável; em frente.

- **Como dizer "RETO" em espanhol?** *Recto.*

377. **Recalcar**

- **O que não quer dizer?** Reprimir.

- **O que realmente significa?** Destacar, acentuar, enfatizar, destacar, frisar.

- **Como dizer "RECALCAR" em espanhol?** *Reprimir, refrenar.*

378. **Rodar**

- **O que realmente significa?** O vocábulo *RODAR,* na língua espanhola, tem valor polissêmico; ou seja, contempla mais de um significado. Dessa forma, significa **rodar,** mas também possui outros significados. Ele será considerado uma palavra heterossemântica quando contemplar outro sentido que não seja o mesmo da língua portuguesa.

- **Que outros significados o vocábulo *RODAR* apresenta?** Filmar, gravar, atuar, dirigir um filme; rolar, rotar, girar; ocorrer; persuadir; não ter um posicionamento fixo.

- **Como dizer "RODAR" em espanhol?** *Rodar, girar, rotar.*

379. **Rol**

- **O que realmente significa?** O vocábulo *ROL,* na língua espanhola, tem valor polissêmico; ou seja, contempla mais de um significado. Dessa forma, significa **rol, pauta, tabela, lista, enumeração,** mas também possui outro significado. *ROL* será considerado uma palavra heterossemântica quando contemplar outro sentido que não seja o mesmo da língua portuguesa.

- **Que outros significados o vocábulo *ROL* apresenta?** Papel, parte, função, cargo, posição.

- **Como dizer "ROL" em espanhol?** *Lista.*

380. Rojo

- **O que não quer dizer?** Roxo.
- **O que realmente significa?** Vermelho.
- **Como dizer "ROJO" em espanhol?** Morado.

381. Romper

- **O que realmente significa?** O vocábulo *ROMPER,* na língua espanhola, tem valor polissêmico; ou seja, contempla mais de um significado. Dessa forma, significa **romper ou terminar algo pré-estabelecido,** mas também possui outros significados. *ROMPER* será considerado uma palavra heterossemântica quando contemplar outro sentido que não seja o mesmo da língua portuguesa.
- **Que outros significados o vocábulo *ROMPER* apresenta?** Quebrar, rasgar, cortar; estourar, arrombar; espalhar as bolas no jogo de sinuca, bilhar.
- **Como dizer "ROMPER" em espanhol?** *Romper, terminar.*

382. Rubio

- **O que não quer dizer?** Ruivo.
- **O que realmente significa?** Loiro.
- **Como dizer "RUIVO" em espanhol?** *Pelirrojo.*

383. Ruin

- **O que não quer dizer?** Ruim.
- **O que realmente significa?** Baixo, desprezível, mesquinho; pequeno, raquítico; esquálido, desalinhado, sem educação e com péssimos costumes.
- **Como dizer "RUIM" em espanhol?** *Malo, asqueroso, podrido, despreciable.*

S

384. Sacar

- **O que realmente significa?** O verbo *SACAR,* na língua espanhola, tem valor polissêmico; ou seja, contempla mais de um significado. Dessa forma, significa **sacar dinheiro, sacar uma bola ou entender algo,** mas também possui outros significados. *SACAR* será considerado uma palavra heterossemântica quando contemplar outro sentido que não seja o mesmo da língua portuguesa.

- **Que outros significados o vocábulo *SACAR* apresenta?** Tirar; arrancar; adquirir, conseguir, obter algo; fazer (um documento), inventar (uma piada); resolver (um problema); passar, ser aprovado; eleger alguém; comprar algo; fotografar; remover; livrar alguém de alguma coisa; censurar; oferecer.

- **Como dizer "SACAR DINHEIRO, SACAR UMA BOLA ou ENTENDER ALGO" em espanhol?** *Retirar, sacar (para sacar dinheiro); servir, sacar (para sacar uma bola); calar, darse cuenta de (entender algo).*

385. Saco

- **O que realmente significa?** O vocábulo *SACO,* na língua espanhola, tem valor polissêmico; ou seja, contempla mais de um significado. Dessa forma, significa **saco,** mas também possui outro significado. *SACO* será considerado uma palavra heterossemântica quando contemplar outro sentido que não seja o mesmo da língua portuguesa.

- **Que outros significados o vocábulo *SACO* apresenta?** Casaco, paletó, blazer.

- **Como dizer "SACO" em espanhol?** *Saco, bolsa.*

386. Salada

- **O que não quer dizer?** Salada.

- **O que realmente significa?** Salgada; engraçada; azarada; cara.

- **Como dizer "SALADA" em espanhol?** *Ensalada.*

387. Salsa

- **O que realmente significa?** O vocábulo *SALSA,* na língua espanhola, tem valor polissêmico; ou seja, contempla mais de um significado. Dessa forma, significa **salsa (música),** mas também possui outros significados. *SALSA* será considerado uma palavra heterossemântica quando contemplar outro sentido que não seja o mesmo da língua portuguesa (outro que não **salsa – música**).
- **Que outros significados o vocábulo *SALSA* apresenta?** Molho; purê; manjar.
- **Como dizer "SALSA – música" em espanhol?** *Salsa.*

388. Sereno

- **O que não quer dizer?** Sereno, orvalho.
- **O que realmente significa?** Guarda-noturno; sereno, tranquilo, calmo.
- **Como dizer "SERENO" em espanhol?** *Rocío, condensación.*

389. Servir

- **O que realmente significa?** O vocábulo *SERVIR,* na língua espanhola, tem valor polissêmico; ou seja, contempla mais de um significado. Dessa forma, significa **servir, atender,** mas também possui outro significado. *SERVIR* será considerado uma palavra heterossemântica quando contemplar outro sentido que não seja o mesmo da língua portuguesa (outro que não **servir, atender**).
- **Que outros significados o vocábulo *SERVIR* apresenta?** Sacar.
- **Como dizer "SERVIR" em espanhol?** *Servir.*

390. Seta

- **O que não quer dizer?** Seta.
- **O que realmente significa?** Cogumelo.
- **Como dizer "SETA" em espanhol?** Flecha.

391. Sobre

- **O que realmente significa?** O vocábulo *SOBRE,* na língua espanhola, tem valor polissêmico; ou seja, contempla mais de um significado. Dessa forma, significa **a preposição "sobre", a qual é sinônima de "em cima de".** *SOBRE* será considerado uma palavra heterossemântica quando contemplar outro sentido que não seja o mesmo da língua portuguesa (outro que não a **preposição sobre**).
- **Que outros significados o vocábulo *SOBRE* apresenta?** Envelope, bolsa de mão, carteira; por volta de.
- **Como dizer "SOBRE" em espanhol?** *Sobre, acerca de, encima de.*

392. Solo

- **O que não quer dizer?** Solo, terreno, chão.
- **O que realmente significa?** Somente; apenas.
- **Como dizer "SOLO" em espanhol?** *Suelo.*

393. Sin

- **O que não quer dizer?** Sim.
- **O que realmente significa?** Sem.
- **Como dizer "SIM" em espanhol?** Sí.

394. Sintonía

- **O que realmente quer dizer?** O vocábulo *SINTONÍA*, na língua espanhola, tem valor polissêmico; ou seja, contempla mais de um significado. Dessa forma, significa **sintonia**, mas também possui outro significado. *SINTONÍA* será considerado uma palavra heterossemântica quando contemplar outro sentido que não seja o mesmo da língua portuguesa.
- **Que outro significado o vocábulo *SINTONÍA* apresenta?** Recepção, abertura musical ou sonora de um programa de televisão ou de rádio.
- **Como dizer "SINTONIA" em espanhol?** *Sintonía.*

395. Sitio

- **O que realmente significa?** O vocábulo *SITIO*, na língua espanhola, tem valor polissêmico; ou seja, contempla mais de um significado. Dessa forma, significa **sítio ou chácara**, mas também possui outros significados. *SITIO* será considerado uma palavra heterossemântica quando contemplar outro sentido que não seja o mesmo da língua portuguesa (outro que não **sítio, chácara**).
- **Que outros significados o vocábulo *SITIO* apresenta?** Lugar, vaga, espaço, acomodações, local, localidade; bloqueio, certo; ocupação, acomodação.
- **Como dizer "SÍTIO" em espanhol?** *Granja, hacienda, chacra, sitio, finca.*

396. Sobrenombre

- **O que não quer dizer?** Sobrenome.
- **O que realmente significa?** Apelido.
- **Como dizer "SOBRENOMBRE" em espanhol?** *Apellido.*

397. **Sótano**

- **O que não quer dizer?** Sótão.
- **O que realmente significa?** Porão; subsolo.
- **Como dizer "SÓTANO" em espanhol?** *Desván, buhardilla, ático, altillo, buhardilla.*

398. **Suceso**

- **O que não quer dizer?** Sucesso.
- **O que realmente significa?** Acontecimento.
- **Como dizer "SUCESO" em espanhol?** *Éxito, triunfo, esplendor, exitazo.*

399. **Sueldo**

- **O que não quer dizer?** Saldo.
- **O que realmente significa?** Renda, salário, remuneração, pacote de benefícios.
- **Como dizer "SALDO" em espanhol?** *Saldo.*

400. Taco

- **O que realmente significa?** O vocábulo *TACO*, na língua espanhola, tem valor polissêmico; ou seja, contempla mais de um significado. Dessa forma, significa **taco, bastão**, mas também possui outros significados. *TACO* será considerado uma palavra heterossemântica quando contemplar outro sentido que não seja o mesmo da língua portuguesa (outro que não **taco, bastão**).
- **Que outros significados o vocábulo *TACO* apresenta?** Bucha de arma; bloco, calendário; pedaço de comida; salto de sapato; **gole de bebida**; confusão, baderna; palavrão; blasfêmia; comida típica mexicana.
- **Como dizer "TACO" em espanhol?** *Taco, palo, maza, pala, paleta.*

401. Taller

- **O que não quer dizer?** Talher.
- **O que realmente significa?** Oficina mecânica; oficina, ateliê, workshop; estúdio, sala de trabalho.
- **Como dizer "TALHER" em espanhol?** *Cubierto.*

402. Talón

- **O que realmente significa?** O vocábulo *TALÓN*, na língua espanhola, tem valor polissêmico; ou seja, contempla mais de um significado. Dessa forma, significa **talão de cheques**, mas também possui outros significados. *TALÓN* será considerado uma palavra heterossemântica quando contemplar outro sentido que não seja o mesmo da língua portuguesa (outro que não **talão**).
- **Que outros significados o vocábulo *TALÓN* apresenta?** Calcanhar; aro ou roda do pneu; salto do sapato.
- **Como dizer "TALÃO DE CHEQUES" em espanhol?** *Chequera, talonario de cheques, talón de cheques., canhoto de cheques.*

403. Tarjeta

- **O que não quer dizer?** Tarjeta, trinco.
- **O que realmente significa?** Cartão, cartão de crédito/débito; placa.
- **Como dizer "TARJETA" em espanhol?** *Pestillo, pasador, cerrojo, cerradura, pestillo, pasador.*

404. Tapas

- **O que não quer dizer?** Tapa, bofetada.
- **O que realmente significa?** Tampa, capa de livro ou de revista, gola de roupa, petisco.
- **Como dizer "TAPA" em espanhol?** *Gaznatada, bofetada, papirotazo, bife.*

405. Tapizar

- **O que realmente significa?** O vocábulo *TAPIZAR*, na língua espanhola, tem valor polissêmico; ou seja, contempla mais de um significado. Dessa forma, significa **tapizar, atapetar**, mas também possui outros significados. *TAPIZAR* será considerado uma palavra heterossemântica quando contemplar outro sentido que não seja o mesmo da língua portuguesa.
- **Que outros significados o vocábulo *TAPIZAR* apresenta?** Acolchoar, estofar, cobrir com papel.
- **Como dizer "TAPIZAR" em espanhol?** *Tapizar, revestir.*

406. Tarado

- **O que não quer dizer?** Tarado.
- **O que realmente significa?** Bobo, estúpido, burro, idiota, mané; louco, maluco; desajeitado, sem noção.
- **Como dizer "TARADO" em espanhol?** *Pervertido, depravado.*

407. Taza

- **O que não quer dizer?** Taça.
- **O que realmente significa?** Xícara, caneca; fonte; vaso sanitário.
- **Como dizer "TAÇA" em espanhol?** *Copa, cáliz.*

408. Tela

- **O que não quer dizer?** Tela do computador, tela da televisão.
- **O que realmente significa?** Tecido, pano, tela para pintura; pintura, quadro; teia de aranha.
- **Como dizer "TELA" em espanhol?** *Pantalla, monitor.*

409. Tesón

- **O que não quer dizer?** Tesão.
- **O que realmente significa?** Afinco, persistência, obstinação, perseverança.
- **Como dizer "TESÃO" em espanhol?** *Excitación.*

410. Tienda

- **O que realmente significa?** O vocábulo *TIENDA,* na língua espanhola, tem valor polissêmico; ou seja, contempla mais de um significado. Dessa forma, significa **tenda**, mas também possui outros significados. *TIENDA* será considerado uma palavra heterossemântica quando contemplar outro sentido que não seja o mesmo da língua portuguesa (outro que não **tenda**).
- **Que outros significados o vocábulo *TAPIZAR* apresenta?** Loja; barraca; toldo; pavilhão, negócio.
- **Como dizer "TENDA" em espanhol?** *Tienda.*

411. Tierno

- **O que não quer dizer?** Terno.
- **O que realmente significa?** Macio (comida); recente, de pouco tempo; carinhoso, amoroso, gentil, emotivo, romântico; imaturo.
- **Como dizer "TERNO" em espanhol?** *Traje.*

412. Tintorería

- **O que não quer dizer?** Tinturaria.
- **O que realmente significa?** Lavanderia; lavagem a seco.
- **Como dizer "TINTURARIA" em espanhol?** *Tienda de pintura.*

413. Tirar

- **O que não quer dizer?** Tirar, pegar, extrair.
- **O que realmente significa?** Soltar; jogar, lançar; derrubar; demolir; jogar (fora), desfazer-se de algo; atirar (arma); esticar, estender; traçar, atrair; puxar; fotografar; imprimir.
- **Como dizer "TIRAR" em espanhol?** *Quitar, sacar.*

414. Todavía

- **O que não quer dizer?** Todavia, no entanto, porém.
- **O que *realmente* significa?** Ainda.
- **Como dizer "TODAVIA" em espanhol?** *Sin embargo, pero, no obstante.*

415. Tomar

- **O que *realmente* significa?** O verbo *TOMAR*, na língua espanhola, tem valor polissêmico; ou seja, contempla mais de um significado. Dessa forma, significa **tomar**, mas também possui outros significados. *TOMAR* será considerado uma palavra heterossemântica quando contemplar outro sentido que não seja o mesmo da língua portuguesa.
- **Que outros significados o vocábulo *TOMAR* apresenta?** Pegar; aproveitar, adotar; comer, beber; adquirir; tirar; decidir-se; equivocar-se.
- **Como dizer "TOMAR" em espanhol?** *Tomar.*

416. Tonto

- **O que *realmente* significa?** O vocábulo *TONTO*, na língua espanhola, tem valor polissêmico; ou seja, contempla mais de um significado. Dessa forma, significa **ser tonto, ser abobado**, mas também possui outro significado. Ele será considerado uma palavra heterossemântica quando contemplar outro sentido que não seja o mesmo da língua portuguesa.
- **Que outros significados o vocábulo *TONTO* apresenta?** Estar tonto, grogue.
- **Como dizer "TONTO" em espanhol?** *Tonto, bobalicón, bobo, menso* (para ser tonto, ser abobado); *grogui, mareado, tambaleante, mareado* (para estar tonto).

417. Torpe

- **O que não quer dizer?** Torpe, asqueroso, depravado, nojento.
- **O que *realmente* significa?** Desajeitado, desastrado, abobado, deselegante, trapalhão, pateta, desastrado, inepto.
- **Como dizer "TORPE" em espanhol?** *Repugnante, asqueroso.*

418. **Trazar**

- **O que realmente significa?** O verbo *TRAZAR*, na língua espanhola, tem valor polissêmico; ou seja, contempla mais de um significado. Dessa forma, significa **traçar**, mas também possui outros significados. *TRAZAR* será considerado uma palavra heterossemântica quando contemplar outro sentido que não seja o mesmo da língua portuguesa (outro que não **traçar**).
- **Que outros significados o vocábulo *TRAZAR* apresenta?** Inventar; delinear, esboçar, desenhar; assinalar, marcar; descrever.
- **Como dizer "TRAÇAR" em espanhol?** *Trazar.*

419. **Troca**

- **O que não quer dizer?** Troca.
- **O que realmente significa?** Automóvel com caçamba para transporte ou entrega.
- **Como dizer "TROCA" em espanhol?** *Cambio.*

420. **Tuerto**

- **O que não quer dizer?** Torto.
- **O que realmente significa?** Com um olho só, caolho.
- **Como dizer "TORTO" em espanhol?** *Torcido, tortuoso, encorvado.*

421. **Turma**

- **O que não quer dizer?** Turma.
- **O que realmente significa?** Testículo.
- **Como dizer "TURMA" em espanhol?** *Banda, panda, mara, grupo, equipo, camarilla, hermandad, pena.*

U

422. Uno

- **O que realmente significa?** O vocábulo *UNO,* na língua espanhola, tem valor polissêmico; ou seja, contempla mais de um significado. Dessa forma, significa **um**, mas também possui outros significados. *UNO* será considerada uma palavra heterossemântica quando contemplar outro sentido que não seja o mesmo da língua portuguesa (outro que não **um**).
- **Que outros significados o vocábulo *UNO* apresenta?** A gente, alguém.
- **Como dizer "UM" em espanhol?** *Uno, un.*

423. Unión

- **O que realmente significa?** O vocábulo *UNIÓN,* na língua espanhola, tem valor polissêmico; ou seja, contempla mais de um significado. Dessa forma, significa **união, junção**, mas também possui outros significados. *UNIÓN* será considerado uma palavra heterossemântica quando contemplar outro sentido que não seja o mesmo da língua portuguesa (outro que não **união**).
- **Que outros significados o vocábulo *UNIÓN* apresenta?** Pinça; encaixe; adição ou incorporação de um benefício ou privilégio eclesiástico a outro.
- **Como dizer "UNIÃO" em espanhol?** *Unión, fusión, cruce.*

V

424. Valla

- **O que não quer dizer?** Vala, fossa, fosso, valeta.
- **O que realmente significa?** Cerca, barreira, obstáculo.
- **Como dizer "VALA" em espanhol?** *Zanja, hondonada, sumidero, barranco, cuneta, acequia.*

425. Varado

- **O que não quer dizer?** Varado, faminto.
- **O que realmente significa?** Encalhado, preso; encrencado; individuo sem recursos econômicos.
- **Como dizer "VARADO" em espanhol?** *Famélico, hambriento, muerto de hambre.*

426. Vaso

- **O que não quer dizer?** Vaso sanitário.
- **O que realmente significa?** Copo; pote, vaso de flor; vaso capilar, sanguíneo.
- **Como dizer "VASO SANITÁRIO" em espanhol?** *Inodoro, váter, retrete.*

Z

427. Zapatilla

- **O que realmente significa?** O vocábulo *ZAPATILLA,* na língua espanhola, tem valor polissêmico; ou seja, contempla mais de um significado. Dessa forma, significa **sapatilha**, mas também possui outros significados. Ele será considerado uma palavra heterossemântica quando contemplar outro sentido que não seja o mesmo da língua portuguesa (outro que não **sapatilha**).
- **Que outros significados o vocábulo *SAPATILLA* apresenta?** Chinelo, tênis, mule; extensão elétrica.
- **Como dizer "SAPATILHA" em espanhol?** *Catitas, flats.*

428. Zorro

- **O que não quer dizer?** Zorro, manhoso, reclamão, rabugento.
- **O que realmente significa?** Raposa; sorrateiro, dissimulado, cretino.
- **Como dizer "ZORRO" em espanhol?** *Regañón, gruñón, cascarrabias, murmurador, rezóngón.*

429. Zueco

- **O que não quer dizer?** Sueco.
- **O que realmente significa?** Tamanco.
- **Como dizer "SUECO" em espanhol?** *Sueco.*

430. Zurdo

- **O que não quer dizer?** Surdo.
- **O que realmente significa?** Canhoto; esquerdista, comuna.
- **Como dizer "SURDO" em espanhol?** *Sordo.*

TABELA COM AS PRINCIPAIS PALAVRAS HETEROSSEMÂNTICAS

ESPAÑOL	PORTUGUÊS	ESPAÑOL	PORTUGUÊS
1. Abonar	**Apoiar; auxiliar; confirmar; afiançar; pagar; garantir que algo é verdadeiro;** adubar, fertilizar: assinar (uma revista).	2. Abonarse	Inscrever-se; assinar; subscrever; associar-se.
3. Abono	Adubo; inscrição, assinatura.	4. Abrasar	Queimar, chamuscar, tostar.
5. Academia	Local, junta ou sociedade em que há ensino universitário ou superior.	6. Aceitar	Lubrificar; subornar; facilitar; untar.
7. Acento	Sotaque; **sílaba tônica; entonação; tonicidade.**	8. Aceptación	**Aceitação, aceitabilidade;** conhecimento; predomínio.
9. Acercar	Aproximar	10. Acercarse	Aproximar-se; dirigir-se.
11. Acordar/Acordarse	Lembrar, lembrar-se; concordar; conciliar.	12. Acosar	Provocar; assediar; importunar, atormentar; perseguir.
13. Acoso	Assédio; tormento; encurralamento; importunação; perseguição; bullying.	14. Acostar	Deitar ou por para dormir.
15. Acostarse	Recolher-se; ir para cama; deitar-se; ter relação sexual.	16. Acreditar	Creditar; aprovar; certificar, comprovar; credenciar.
17. Adobar	Temperar, marinar.	18. Adobo	Tempero
19. Agarrar	**Agarrar, segurar;** pegar.	20. Agasajar	Acolher; elogiar; mimar; agradar; entreter; honrar.
21. Agasajo	Acolhimento; agrado; entretenimento; evento; presente carinhoso.	22. Alargar	Alongar; encompridar; prolongar; estender; prorrogar.
23. Alejado	Afastado, distante.	24. Alocado	Louco, maluco, doido; bobo; excêntrico; destrambelhado.

25. Aliñar	Temperar, condimentar.	26. Allí	Lá
27. Almacén	**Armazém; loja de conveniência;** depósito; grandes lojas.	28. Almohada	Travesseiro
29. Alza	Aumento, elevação, ascensão.	30. Amoratado	Arroxeado
31. Aniversario	Celebração de datas especiais e acontecimentos importantes, como aniversário de casamento, aniversário de morte; missa de aniversário de morte.	32. Ano	Ânus
33. Anoche	Noite passada, ontem à noite.	34. Apellido	Sobrenome
35. Apenas	**Apenas, somente;** quase não, escassamente; assim que.	36. Aposentar/	Alojar; hospedar algo ou alguém; instalar-se.
37. Aposentarse	**Alojar-se; estabelecer-se.**	38. Aposento	Alojamento; pousada; hospedagem.
39. Apresar	Capturar, prender; pegar.	40. Apresado	Capturado, preso.
41. Artero	Desonesto, ardiloso.	42. Asa	Alça; cabo; pegador; pinça.
43. Asignatura	Matéria, disciplina ou tópico; assunto ou questão que ainda não foram solucionados.	44. Así que	Portanto, de este modo, então.
45. Atestar	Aglomerar; amontoar; superlotar; **atestar.**	46. Atracar	Assaltar, **ancorar;** amarrar; lutar; brigar.
47. Atraco	Assalto	48. Aula	Sala de aula
49. Azafata	Aeromoça	50. Azar	Acaso, casualmente; aleatoriamente.
51. Azaroso	Imprevisível; aleatório.	52. Bajar	**Baixar; diminuir; descer;** reduzir.
53. Balcón	Varanda, sacada.	54. Balón	Bola

55. Banco	**Instituição financeira; lugar para sentar;** cardume; bancada; carteira escolar; monte de neve.	56. Bastante	Abundantemente, suficiente.
57. Beca	Bolsa de estudos; auxílio financeiro.	58. Berro	Agrião
59. Billetera	Carteira	60. Billón	Trilhão
61. Birra	Cerveja	62. Blando	Macio; abaixo do mercado; flexível; fraco; dócil.
63. Boa	Jiboia	64. Bodega	Adega, vinícola, loja de vinhos; **armazém (nos países da América Central).**
65. Bufete	Escritório jurídico, escritório de advocacia; carta de clientes do advogado.	66. Boleto	Ingresso, entrada, passagem.
67. Bolo	Pino de boliche ou Boliche.	68. Bolsa	Sacola, saco.
69. Bolsista	Investidor de ações ou de bolsas de valores.	70. Bolso	Bolsa
71. Bombacha	Calcinha feminina	72. Boquete	Lacuna, brecha, déficit.
73. Borracha	Bêbada	74. Borrachera	Bebedeira, porre.
75. Borrar	Apagar, eliminar, excluir.	76. Borrado	Apagamento; excluído, apagado.
77. Borrador	Apagador; borracha; projeto; rascunho.	78. Bosque	Floresta; mata.
79. Botar	Descartar; quicar; lançar; expulsar; despejar.	80. Botiquín	kit de primeiros socorros, armário de remédios, enfermaria.
81. Brincar	Pular; saltar.	82. Brinco	Pulo; salto; distância curta (pulo).
83. Bulto	**Vulto;** volume; saliência; caroço, nódulo; pacote.	84. Buscar	Buscar, procurar.

85. Buseta	Ônibus	86. Cacho	Chifres; pedaço.
87. Cachorro	Filhote	88. Caco	Ladrão
89. Cadera	Bacia, quadril.	90. Cajón	Gaveta
91. Calculadora	**Calculadora;** calculista.	92. Calzada	Rua; via; caminho; estrada.
93. Calzoncillo	Cueca masculina.	94. Camarero	Garçom, atendente.
95. Cambio	Mudança, troca, alteração, permuta; moeda estrangeira; troco (dinheiro).	96. Camioneta	Furgão, van; cabine do caminhão; caminhão pequeno; **caminhonete.**
97. Cana	Cabelo grisalho.	98. Caña	Vara de pescar, cana de açúcar.
99. Cancelar	**Cancelar;** quitar; pagar; liquidar.	100. Caprichoso	Teimoso; distraído; inconstante; temperamental; impulsivo; imprevisível.
101. Cápsula	**Cápsula ou comprimido;** casulo.	102. Caramelo	Bala, doce, guloseima; **caramelo.**
103. Carné	Crachá, cartão ou carteira de identificação; carteira de habilitação; carteira de identidade.	104. Carnicero	Açougueiro
105. Carnicería	**Carniceira, carnificina, chacina;** açougue.	106. Carpa	**Carpa (peixe);** toldo; barraca; pavilhão; picadeiro (circo).
107. Carretero	Fabricante de carruagem; condutor de carruagem; carroceiro ou rodoviário.	108. Carroza	Carro alegórico; carruagem; pessoa careta, antiquada.
109. Carro	Carroça, carro alegórico, carruagem, reboque, carreta, carrinho de supermercado; pessoa careta, antiquada; grande quantidade de algo; fruta muito madura, passada. **Carro (em parte da América Latina).**	110. Cartel	**Cartel;** letreiro, cartaz, painel publicitário; cartaz ou capa de divulgação de filme.

111. Cartera	**Carteira de documentos;** bolsa.	**112. Cartón**	Papelão, caixa, **cartão (papel rígido),** cartela de bingo.
113. Celo	Ciúmes; zelo; cio; durex.	**114. Celoso**	Ciumento
115. Cena	Janta	**116. Cepillo**	Escova; **plaina pequena usada para alisar madeira (cepilho).**
117. Cerca	Perto, próximo.	**118. Cerrado**	Fechado, exigente, brusco, entranhado.
119. Cerrar	Fechar	**120. Champiónes**	**Tipo de cogumelo conhecido como champignon;** Tênis.
121. Chequera	Talão de cheques	**122. Chico**	Menino, garoto; homem de pouca idade; pequeno.
123. Chiflado	Louco, pirado.	**124. Chiflar**	Assobiar, apitar; vaiar; adorar; deixar louco.
125. Científico	**Científico,** cientista.	**126. Cigarro**	**Cigarro,** charuto.
127. Chorro	Jato, golfada, borrifo, borrifadela; ladrãozinho, trombadinha; diarreia.	**128. Chulo**	Fofo, amado; elegante, chique; sensual, sedutor; arrogante, metido.
129. Cinta	Longa metragem (filme), fita, laço, esteira.	**130. Ciruela**	Ameixa
131. Cita	**Citação;** encontro; hora marcada; compromisso; consulta.	**132. Clase**	Aula; turma; **classe (categoria ou espécie).**
133. Cobijar	Refugiar, abrigar, dar estadia.	**134. Cobrar**	Receber (salário); adquirir, causar, abater, puxar uma corda, **punir pelas faltas cometidas no esporte. Cobrar, fazer uma**
135. Cobrarse	Causar morte	**136. Cocina**	Fogão
137. Cola	Rabo, cauda; fila; parte final de algum lugar; calda do vestido; nádegas.	**138. Colado**	Escorrido (macarrão); coado; penetra; parasita.

139. Colador	Peneira, escorredor, coador, separador.	**140. Colar**	Coar, filtrar; inserir, encaixar; branquear a roupa com água sanitária.
141. Colarse	Ir de penetra, ou seja, ir sem ser convidado em alguma ocasião; espalhar boatos ou mentiras; cometer erros; estar muito apaixonado; driblar rápida e precisamente.	**142. Coleta**	Trança ou rabo de cavalo.
143. Coger	Pegar algo de alguém, pegar um meio de transporte, pegar uma doença, pegar uma mania; carregar; segurar; confiscar, tomar; pegar, ficar com, aceitar; contratar; receber; tomar; situar-se. Em alguns países da América, também significa ter relação sexual.	**144. Colectivo**	**Coletivo;** ônibus.
145. Comedor	Sala de jantar, refeitório, cantina.	**146. Coma**	**Estado patológico caracterizado por perda de consciência, de sensibilidade e de capacidade motora;** vírgula.
147. Cometa	**Cometa, corpo celestial;** pipa.	**148. Competencia**	**Competência, capacidade, aptidão;** competição; concorrência.
149. Concha	Casco (tartaruga); **concha de moluscos;** carapaça; casulo; maneira vulgar de nomear o órgão genital feminino.	**150. Conducir**	**Conduzir;** dirigir um automóvel.
151. Conozco	Conheço	**152. Contestar**	Responder
153. Contestador	Aquele que responde; secretária eletrônica.	**154. Contraer**	**Contrair,** casar-se; assumir um compromisso; ir direto ao ponto.
155. Copa	Taça, cálice.	**156. Copo**	Floco de neve; cone ou copinho do sorvete.
157. Crianza	Criação, educação; envelhecimento (vinho).	**158. Criatura**	**Criatura;** criança; feto; bebê; alma penada; monstro.
159. Cu	A letra "Q" do alfabeto	**160. Cubiertos**	Jogo de louça; talheres; encoberto (tempo). **Estar coberto, tapado.**
161. Cuello	Pescoço; colarinho (da camisa), gola (da camiseta); gargalo (da garrafa); decote; colo do útero; alça da bolsa.	**162. Cura**	**Cura,** padre da igreja católica.

163. Curioso	Caprichoso; limpinho; razoável, sensato; curandeiro. **Bisbilhoteiro, interessado ou singular.**	**164. Débil**	Fraco, frágil.
165. Dependiente	**Dependente; pessoa viciada em algo;** vendedor, atendente, balconista.	**166. Derrochar**	Ostentar
167. Desde luego	Sem dúvida; com certeza, certamente.	**168. Desecho**	Resíduo, descarte.
169. Desenvolver	Desembrulhar, desempacotar.	**170. Desenvolverse**	Livrar-se; superar-se; entrar nos eixos, endireitar-se.
171. Deslumbrado	Deslumbrado; ofuscado.	**172. Despacho**	**Envio; despacho; remessa; relatório; escritório; sala de trabalho.**
173. Despedir	**Despedir;** soltar, jogar, lançar ou arremessar; emitir, expelir ou exalar; afastar.	**174. Despedirse**	**Dar adeus;** desistir ou fazer uma festa de despedida.
175. Despido	Demissão, despedida.	**176. Desquite**	Vingança, retaliação, represália.
177. Desquitarse	Empatar ou vingar-se.	**178. Dirección**	Endereço (físico ou de internet), local. **Direção, caminho; gestão, supervisão, gerência; direcionamento.**
179. Dibujo	Desenho, ilustração.	**180. Diseño**	**Desenho, ilustração;** projeto, design, esquema.
181. Diseñar	Desenhar, ilustrar; arquitetar, projetar, criar, construir, estruturar.	**182. Diseñador**	**Desenhista, ilustrador;** projetista, designer, programador, desenvolvedor, estilista.
183. Embarazo	Gravidez	**184. Embarazar**	Engravidar
185. Embarazada	Grávida	**186. Embolado**	Entediado, embriagado; tarefa difícil e interminável; "saia justa".
187. Empeñar	**Empenhar-se, dedicar-se muito;** penhorar.	**188. Empeñarse**	**Empenhar-se, dedicar-se muito;** endividar-se; arriscar-se em uma embarcação.
189. Empeñado	**Decidido, determinado;** penhorado.	**190. Encaje**	Trabalho artesão; renda (tecido); **encaixe.**

Nº	Termo	Significado	Nº	Termo	Significado
191.	En cuanto	Assim que	192.	Encuesta	Pesquisa; investigação; interrogatório.
193.	Encuestar	Entrevistar, pesquisar, interrogar.	194.	Enderezar	Endireitar-se, aprumar-se; organizar uma situação; corrigir-se; reformar, melhorar; desencurvar-se, endireitar-se; esticar, desenrolar; alinhar.
195.	Enganchar	**Enganchar, prender ou amarrar;** conectar um sistema elétrico ou mecânico; fazer gato da luz; empregar pessoas; pegar algo ou alguém de surpresa; atrair alguém de maneira intensa e natural; contrair uma doença; causar dependência. Praticar ato sexual (Cuba); apaixonar-se (Costa Rica e México).	196.	Enojado	Irritado
197.	Enojar	Irritar, incomodar, enfurecer.	198.	Enojo	Irritação
199.	Enseñar	Mostrar; treinar; orientar, aconselhar; indicar; **ensinar, lecionar.**	200.	Enseñarse	Acostumar-se
201.	Entretanto	Enquanto	202.	Escenario	Palco, cenário, cena de um crime, set de filmagem.
203.	Escritorio	Mesa de trabalho, escrivaninha, classe/carteira escolar; área de trabalho (computador).	204.	Escoba	Vassoura
205.	Espalda	Costas; parte de trás; nado de costas.	206.	Espantar	**Espantar, afugentar, assustar;** aterrorizar, causar pânico, horrorizar; assombrar.
207.	Espanto	Terror, horror, pânico.	208.	Espantoso	Aterrorizante, assustador, em estado de pânico, assombroso; incrível, impressionante, surpreendente; alarmante.
209.	Esposar	Prender	210.	Esposa	**Esposa;** anel episcopal; algema.
211.	Estofado	Cozido; ensopado.	212.	Estante	**Estante, Rack;** prateleira.
213.	Estrellar	**Estrelar, protagonizar;** bater; quebrar, espatifar; arruinar, fracassar.	214.	Éxito	Sucesso, realização; **êxito; conquista.**

#	Termo	Significado	#	Termo	Significado
215.	Experto	Especialista, perito, experiente, profissional, craque, veterano.	216.	Exprimir	Espremer; extrair suco; esfolar; sugar, explorar; extorquir; arrancar; explorar ao máximo; capitalizar.
217.	Exquisito	Sofisticado, belo, requintado, rico; impecável, excelente; saboroso, delicioso.	218.	Extrañar	**Estranhar;** sentir falta; sentir saudade; banir um país estrangeiro; evitar.
219.	Extraño	Extraordinário, excepcional; estrangeiro. **Estranho; bizarro; desconhecido.**	220.	Falda	Saia; carne bovina conhecida como "fraldinha"; mantinha leve; cobertorzinho leve; parte baixa de uma montanha.
221.	Faro	Farol; faraó; âncora, apoião; guia.	222.	Fecha	Data
223.	Fechar	Datar, registrar data.	224.	Fechado	Datado, registrado.
225.	Férias	**Descanso e suspensão do trabalho;** feira; parque de diversão; moeda; mercado de rua; camelódromo; exposição; acordo, convênio.	226.	Finca	Imóvel, propriedade, latifúndio, fazenda, sítio, rancho.
227.	Firma	**Empresa;** assinatura; marca registrada; livro ponto; inscrição; contratação.	228.	Firmar	Assinar, concordar; autografar; registrar; concluir, finalizar; sancionar uma lei.
229.	Flaco	Magro; abatido; influenciável.	230.	Florero	**Florista;** vaso ou qualquer outro recipiente de flor; pessoa amável e querida.
231.	Fogón	Boca do fogão; fogueira; chaminé; caldeiras dos motores a vapor.	232.	Follar	Praticar o ato sexual.
233.	Franja	Listra, trilho, faixa; **franja (decorativa);** faixa salarial, piso salarial.	234.	Frente	**Frente, linha de frente ou vanguarda;** testa.
235.	Frigorífico	Geladeira	236.	Funda	Bainha, capa, revestimento; fronha; cobertura; sobrecapa de livro; porta-terno; porta-vestido; repartição; pano.
237.	Gajo	Gomo, segmento, cacho, **galho.**	238.	Gamba	Camarão

239. Ganancia	Proveito, vantagem, lucro, renda bruta, rendimento, reserva, enriquecimento.	240. Ganas	Vontade, desejo; garra.	
241. Garfio	Gancho	242. Garrafa	Botijão de gás; garrafão; balde de gelo.	
243. Gimnasio	**Ginásio**; academia de ginástica, spa; estádio coberto; colegial europeu.	244. Goma	Borracha, preservativo, tira elástica.	
245. Gorra	Boné	246. Gozar	**Desfrutar, aproveitar;** festejar.	
247. Gozada	Beleza, maravilha.	248. Grasa	Gordura, graxa, banha; lubrificante; brega, cafona.	
249. Grillado	Excêntrico, louco.	250. Guitarra	**Guitarra;** violão.	
251. Halagar	Lisonjear; agradar; mimar; bajular; adular; elogiar.	252. Halagado	Lisonjeado; mimado; bajulado; elogiado; presenteado.	
253. Hoy	Hoje	254. Inodoro	Vaso sanitário, privada. **Desprovido de odor; que não exala nem possui cheiro.**	
255. Interés	**Interesse.** Lucro, juros, ganhos; sociedade; participação; renda.	256. Inversión	**Inversão;** investimento; aplicação.	
257. Invertir	**Inverter;** investir, aplicar; empregar; financiar.	258. Investigación	**Investigação, sindicância ou inquérito;** pesquisa; estudo científico; estudo empírico.	
259. Investigar	**Investigar;** pesquisar cientificamente; fazer parte de grupos de estudo e pesquisa.	260. Jamón	Presunto	
261. Jato	Bezerro	262. Jornal	Diária (dinheiro referente a um dia ou período trabalhado). **Medida da terra (Espanha).**	
263. Jornalero	Diarista; sertanejo; trabalhador braçal.	264. Judía	**Judia;** feijão, vagem.	
265. Jubilado	Aposentado; reformado.	266. Jugar	Brincar, apostar, divertir-se; apostar; participar; contar mentiras; **jogar.**	

#		Significado	#		Significado
267.	Junta	Reunião; encontro; diretoria; vedação, fechamento.	268.	La gente	As pessoas
269.	Ladrillo	Tijolo; algo chato, maçante.	270.	Lapicero	**Lapiseira;** lápis; caneta.
271.	Largo	Longo, extenso, comprido; prolongado, aumentado, distante; bastante tempo.	272.	Latir	Pulsar, bater, funcionar.
273.	Lentes	**Lentes;** óculos.	274.	Lentilla	Lentes de contato
275.	Leyenda	**Legenda;** lenda; pessoa ou coisa altamente admirada e lembrada, apesar da passagem do tempo; leitura.	276.	Lienzo	Tela; quadro; pintura sobre tela; fachada de muro ou edifício; **lenço.**
277.	Ligar	**Unir;** fundir; impulsionar alguém a cumprir, fazer algo; conseguir com que a pessoa faça algo em troca de favores; combinar uma jogada em equipe; atingir algum objetivo sem objeções aparentes; ser castigado; estabelecer uma conversa; engrossar (molho); ter relação sexual.	278.	Lista	Chamada (nomes); classificação; chapa, partido eleitoral; listra; índice; pessoa astuta, sagaz, esperta, pronta; **lista.**
279.	Ligero	Leve, sutil, agradável, inconstante. **Ligeiro, rápido ou veloz.**	280.	Lograr	**Conseguir algo muito almejado;** chegar à perfeição.
281.	Logro	Conquista; realização; vantagem; lucro.	282.	Luego	Depois, mais tarde; eventualmente; **portanto, então.**
283.	Llamar	Fazer uma ligação telefônica, telefonar; convocar; cantar (pássaros); **chamar.**	284.	Maceta	Vaso de flor, recipiente para plantas.
285.	Madre	Mãe, figura materna.	286.	Mala	Má, pessoa ruim.
287.	Manejar	Dirigir; controlar; guiar cavalos; lidar com algo ou alguém. **Manusear ou saber o que fazer**	288.	Mangar	Conectar; pedir, implorar; furtar; roubar, saquear; pedir dinheiro emprestado.
289.	Mañoso	Habilidoso; exigente com a comida; ladrão; pessoa safada, obscena (Peru).	290.	Marear	Dirigir uma embarcação, marinhar; ficar tonto; enjoar; deixar o vinho estragar; incomodar.

#	Termo	Definição	#	Termo	Definição
291.	Marmita	Panela grande; caldeirão.	292.	Medias	Meia-calça
293.	Menino	Criança que antigamente servia a realeza.	294.	Minino	Gatinho, filhote de gato.
295.	Mirar	Olhar, ver.	296.	Mofar	Zombar, caçoar.
297.	Morado	Roxo	298.	Motorista	Motociclista; ciclista.
299.	Móvil	Telefone celular; algo que é instável; algo que pode se mover.	300.	Mozo	Garçom, atendente; faz tudo.
301.	Muela	Dente molar, dente siso; afiador; colina.	302.	Muñeca	Boneca; oportunista, interesseira; pessoa atraente; pessoa irresponsável e inconsequente; munheca, pulso
303.	Muñeco	Boneco, fantoche, manequim.	304.	Nadie	Ninguém
305.	Neto	Limpo, puro, claro e bem definido; valor líquido, valor total; valor de tabela; pedestal.	306.	Nevera	Geladeira, refrigerador.
307.	Niño	Menino, criança.	308.	Novio	Namorado
309.	Oficina	Escritório; repartição, seção; filial; sucursal; gabinete de um juiz; laboratório.	310.	Ola	Onda; surto; explosão; disparada, aumento.
311.	Olla	Panela; cabeça humana.	312.	Oleado	Ondulado
313.	Ordenador	Computador; área de trabalho.	314.	Oso	Urso

315.	Padre	Pai	316.	Pago	Pago; quitado; remunerado; pagamento, reembolso; prêmio ou recompensa; acordo, resgate; local de terras de vinhas ou de olivais; pequena cidade ou vila.
317.	Palco	Camarote; assento em teatro de arena; varanda; galeria; gazebo.	318.	Pantalla	**Pantalha, cúpula, parte que quebra-luz de luminárias e abajures;** tela.
319.	Papa	**Maior representante da igreja católica ou alimento pastoso;** batata; forma carinhosa de chamar pai (papai); sopa leve; algo muito fácil, algo que seja "barbada".	320.	Paro	**Paro (EU);** parada; desemprego; greve; paralização.
321.	Pasta	Massa (macarrão, canelone, espaguete, etc.); capa de livro; dinheiro, grana; **pasta de dentes, pasta de outro material pastoso.**	322.	Pasto	Grama, gramado.
323.	Pastel	Bolo, torta, tarta.	324.	Pastilla	Pedaço ou barra (de sabão); tablete (de chocolate); **pastilha, comprimido, pílula.**
325.	Pegamento	Cola, adesivo, argamassa, cimento.	326.	Pegar	Colar, selar, lacrar; cimentar; encostar; bater, açoitar; cutucar; soltar; combinar.
327.	Pelado	Careca, calvo; devastado; pobre, sem dinheiro; descascado; vazio, desmobiliado; desabitado.	328.	Pelar	Perder cabelo; tosar; depenar, esfolar; descascar; remover.
329.	Pelarse	Descascar; fugir; matar aula.	330.	Pelicula	Filme, vídeo; camada, casca; conversa fiada, lábia; **película, membrana, pele muito fina.**
331.	Pelo	Cabelo; fio; felpa; **pelo.**	332.	Periodico	Jornal; **periódico, regular, cíclico ou recorrente.**
333.	Perjuicio	Desserviço, dano, desgosto, mágoa; **prejuízo.**	334.	Pendiente	**Pendente;** brinco; diagonal, inclinação, declive; rampa, ladeira.
335.	Pera	**Pera (fruta);** queixo; cavanhaque.	336.	Pescado	**Pescado;** peixe.
337.	Pimpollo	Botão de rosa; pinheiro jovem; broto de planta.	338.	Pinza	Pregador; alicate; presilha de cabelo; grampo; gancho; **pinça.**
339.	Pinzar	Pinçar; cortar, podar.	340.	Pipa	Cachimbo; revólver; semente de girassol; quantidade de tabaco que se coloca no cachimbo para fumar.

#	Termo	Significado	#	Termo	Significado
341.	Pirarse	Fugir, sair correndo, vazar, dar no pé.	342.	Pizcar	Beliscar
343.	Pito	Apito; buzina; vaia; voz estridente; órgão genital masculino; cigarro.	344.	Pizarra	Lousa, quadro.
345.	Plancha	**Prancha;** ferro de passar roupa; lâmina; chapa de metal; frigideira.	346.	Platicar	Conversar, dialogar, bater papo.
347.	Poltrona	Pessoa preguiçosa que não gosta de trabalhar.	348.	Polvo	Pó, poeira; maneira vulgar de nomear a relação sexual, foda, rapidinha, trepada.
349.	Postar	Apostar	350.	Prejuicio	Discriminação, preconceito; tendência a ver apenas um lado.
351.	Prenda	Vestimenta; garantia; prova; peça de roupa.	352.	Prender	Ligar, acender; abotoar; iniciar; virar moda; fazer fogo; incendiar, inflamar.
353.	Prendido	Ligado, aceso; entusiasmado, animado; rápido; doido.	354.	Prensa	**Prensa;** imprensa.
355.	Presupuesto	Orçamento, estimativa de custo, cotação; **pressuposto, suposição, propósito.**	356.	Presunto	Suposto, alegado, presumido; suspeito; considerado.
357.	Prójimo	**Semelhante, parecido;** indivíduo qualquer; cônjuge.	358.	Prolijo	**Prolixo; eloquente; cansativo; demorado;** caprichoso; arrumado; limpo; organizado.
359.	Pronto	Logo, cedo, em breve, em um futuro próximo.	360.	Propina	Gorjeta
361.	Próximo	**Próximo, seguinte; aproximado, que se aproxima;** vindouro; chegado, íntimo.	362.	Quilombo	**Quilombo, lugar secreto em que ficavam ou para onde iam os escravos fugidos;** bagunça; confusão, desordem; palhaçada, circo (figurado); droga, porcaria; cabana.
363.	Quitar	Tirar, remover, eliminar; limpar; apreender, tomar algo de alguém; suspender.	364.	Rango	Classe, nível, categoria; desinteresse, desapego; fila indiana escolar.
365.	Raro	Esquisito, bizarro, estranho; anômalo, irregular; excêntrico; **raro, singular, único, escasso.**	366.	Rasgar	**Rasgar;** estourar; despedaçar, picar; dedilhar, tocar (instrumento de cordas).
367.	Rasgo	Traço, característica.	368.	Rato	Tempo, momento, instante; **rato.**

#		Definição	#		Definição
369.	Ratón	Rato, mouse do computador.	370.	Recepción	**Recepção, boas vindas; portaria ou guarita;** recebimento; admissão a um emprego, comércio ou sociedade; conversão de sinais elétricos ou eletromagnéticos em sons ou imagens.
371.	Refresco	Refrigerante; bebida gelada; bebida refrescante.	372.	Restar	**Restar;** subtrair, diminuir; deduzir; faltar.
373.	Rico	Brilhante; gostoso, saboroso; muito bom; incrível; abundante, intenso; **rico (riqueza), abastado, luxuoso ou fértil (solo).**	374.	Rienda	Rédea, buçal de corda.
375.	Reto	Desafio.	376.	Recto	**Reto;** Justo, correto, íntegro, honesto, honrado, confiável; em frente.
377.	Recalcar	Destacar, acentuar, enfatizar, destacar, frisar.	378.	Rodar	**Rodar;** filmar, gravar, atuar, dirigir um filme; rolar, rotar, girar; ocorrer; persuadir; não ter um posicionamento fixo.
379.	Rol	Papel, parte, função, cargo, posição; **rol, pauta, tabela, lista, enumeração.**	380.	Rojo	Vermelho
381.	Romper	Quebrar, rasgar, cortar; estourar, arrombar; espalhar as bolas no jogo de sinuca, bilhar; **romper ou terminar algo pré-estabelecido.**	382.	Rubio	Loiro
383.	Ruin	Baixo, desprezível, mesquinho; pequeno, raquítico; esquálido, desalinhado, sem educação e com péssimos costumes.	384.	Sacar	Tirar; arrancar; adquirir, conseguir, obter algo; fazer; resolver; passar; eleger alguém; remover; livrar alguém de alguma coisa; censurar; oferecer. **Sacar dinheiro, sacar uma bola ou entender algo.**
385.	Saco	Casaco, paletó, blazer; **saco.**	386.	Salada	Salgada; engraçada; azarada; cara.
387.	Salsa	Molho, purê, manjar; **salsa (música/dança).**	388.	Sereno	Guarda-noturno; **sereno, tranquilo, calmo.**
389.	Servir	Servir, atender; sacar.	390.	Seta	Cogumelo

391. Sin	Sem	**392.** Sintonía	**Sintonia**; recepção, abertura musical ou sonora de um programa de televisão ou de rádio.
393. Sitio	**Sítio ou chácara**; lugar, vaga, espaço, acomodações, local, localidade; bloqueio, certo; ocupação, acomodação.	**394.** Sobre	**Preposição "sobre"**; envelope, bolsa de mão, carteira; por volta de.
395. Sobrenombre	Apelido	**396.** Solo	Somente; apenas.
397. Sótano	Porão; subsolo.	**398.** Suceso	Acontecimento
399. Sueldo	Renda, salário, remuneração, pacote de benefícios.	**400.** Taco	**Taco, bastão**; bucha de arma; bloco, calendário; pedaço de comida; salto de sapato; gole de bebida; confusão; baderna; palavrão; blasfêmia; comida típica mexicana.
401. Taller	Oficina mecânica; oficina, ateliê, workshop; estúdio, sala de trabalho.	**402.** Talón	Calcanhar; aro ou roda do pneu; salto do sapato; **talão.**
403. Tarjeta	Cartão; placa.	**404.** Tapas	Tampa; capa de livro ou de revista; gola de roupa; petisco.
405. Tapizar	**Tapizar, atapetar**; acolchoar, estofar, cobrir com papel.	**406.** Tarado	Bobo, estúpido, burro, idiota, mané; louco, maluco; desajeitado, sem noção.
407. Taza	Xícara, caneca; fonte; vaso sanitário.	**408.** Tela	**Tecido, pano, tela para pintura; pintura, quadro**; teia de aranha.
409. Tesón	Afinco, persistência, obstinação, perseverança.	**410.** Tienda	Loja; barraca; toldo; pavilhão, negócio; **tenda.**
411. Tierno	Macio (comida); recente, de pouco tempo; carinhoso, amoroso, gentil, emotivo, romântico; imaturo.	**412.** Tintorería	Lavanderia; lavagem a seco.
413. Tirar	Soltar; jogar, lançar; derrubar; demolir; jogar (fora), desfazer-se de algo; atirar (arma); esticar, estender; traçar, atrair; puxar; fotografar; imprimir.	**414.** Todavía	Ainda

415. Tomar	Pegar; aproveitar, adotar; comer, beber; adquirir; tirar; decidir-se; equivocar-se. **Tomar.**	**416. Tonto**	Ser tonto, ser abobado; estar tonto, grogue.
417. Torpe	Desajeitado, desastrado; abobado; deselegante; trapalhão; pateta, desastrado; inepto.	**418. Trazar**	**Traçar;** inventar; **delinear,** esboçar, desenhar; assinalar, marcar; descrever.
419. Troca	Automóvel com caçamba para transporte ou entrega.	**420. Tuerto**	Com um olho só, caolho.
421. Turma	Testículo	**422. Uno**	**Um;** a gente, alguém.
423. Unión	Pinça; encaixe; adição ou incorporação de um benefício ou privilégio eclesiástico a outro; **união, junção.**	**424. Valla**	Cerca; barreira; obstáculo.
425. Varado	Encalhado, preso; encrencado; indivíduo sem recursos econômicos.	**426. Vaso**	Copo; **pote, vaso de flor; vaso capilar, sanguíneo.**
427. Zapatilla	Chinelo; tênis; mule; extensão elétrica; **sapatilha.**	**428. Zorro**	Raposa; sorrateiro, dissimulado, cretino.
429. Zueco	Tamanco	**430. Zurdo**	Canhoto; esquerdista; comuna.